Kinderweihnacht
in alter Zeit

Heiner Vogel

Kinderweihnacht in alter Zeit

E. A. Seemann Verlag Leipzig

Alle Aufnahmen für dieses Buch fertigte
die Fotografin Sigrid Schmidt aus Leipzig an

Es hieße Eulen nach Athen oder Pfefferkuchen ins Hexenhaus tragen, wollte man auf Bedeutung und inneren Wert des schönsten, »alle Jahre wieder« heißersehnten und von jung und alt mit Freuden begangenen Festes noch besonders hinweisen. Da nach dieser Introduktion bereits jedermann weiß, welches Fest gemeint ist, bleibt nur noch anzumerken, daß im folgenden von den Weihnachtsfreuden in der Vergangenheit die Rede sein wird. Doch sollen nicht allein weihnachtliche Bräuche und Traditionen im engeren Sinne einer rückschauenden Betrachtung unterzogen werden, sondern die ganze, wahrhaft »fröhliche, selige« und »gnadenbringende Weihnachtszeit« mit ihren Vorfreuden und Erwartungen und mit allen ihren mit Eifer betriebenen Vorbereitungen.

Die Hauptpersonen dieses Familienfestes voller Geheimnisse und Überraschungen sind die Kinder. In ihrer Gedankenwelt ruft der Begriff »Weihnachten« sogleich eine ganze Kette von verlockenden Vorstellungen hervor, wie Advent, Wunschzettel, St. Nikolaus, Knecht Ruprecht, Weihnachtspyramide, Weihnachtsmarkt, Weihnachtsgottesdienst, Krippenspiel, Christkind, Weihnachtsbaum oder Weihnachtsmann. Ein Zauberwort jedoch übertrifft all diese an sich schon erfreulichen Signalzeichen und rangiert als absolutes Nonplusultra an erster Stelle im kindlichen Denken: die Weihnachtsbescherung! Und – Hand aufs Herz! – wer von den »Großen« erinnert sich bei dem magischen Wort nicht gern und wohl auch mit einem Quentchen Wehmut der in der eigenen Kindheit erlebten Heiligabende, als ihm nach spannungsvollen, ewig erscheinenden Minuten voller Ungewißheit und Erwartung endlich das Klingelzeichen die Tür zum Gabentisch mit all seinen Herrlichkeiten weit öffnete!

Was Kinder heutzutage erfreut, ist uns bekannt durch die Wünsche der eigenen Nachkommen oder von den übervollen Auslagen der Spielwarenläden. Wie aber sahen Kinderträume in der Vergangenheit aus? Man kann sich in unserer Zeit schwerlich ein Bild davon machen, was einstmals, in einer völlig andersgearteten Umwelt, die Herzen von Knaben und

Mädchen höher schlagen ließ. Jedenfalls mußten die begehrtesten Dinge keineswegs die teuersten und kostbarsten sein. In alten Erinnerungsbüchern ist nachzulesen, daß selbst in wohlhabenderen Familien der oftmals kaum ins Gewicht fallende, niedrige Geldwert der Geschenke im umgekehrten Verhältnis zu stehen schien zu deren Wirkung, zu der Freude und Dankbarkeit, die diese bescheidenen Gaben bei den jugendlichen Empfängern auslösten. Jene längst vergangene Welt von Kinderglückseligkeit mitsamt ihren überlieferten Zeugen, den Spielsachen, versucht das vorliegende Büchlein aus dem Dornröschenschlaf der Jahrhunderte zu erwecken anhand alter zeitgenössischer Bilder und Berichte von Augenzeugen, die in ihrer Authentizität zugleich ein anmutiges Kapitel der Kultur- und Brauchtumsgeschichte ins Blickfeld rücken.

Das auf den 25. Dezember festgesetzte Weihnachtsfest wird von der Christenheit erst seit dem 4. Jahrhundert begangen. Zuvor feierte man nicht die Geburt, sondern, am 6. Januar, die Taufe Christi. Schon immer war die in der deutschen Sprache erstmals im 12. Jahrhundert von einem mittelhochdeutschen Dichter Spervogel so benannte »Weihnacht« ein frohes, zuversichtliches Fest, das die kalte, unwirtliche Winterszeit erhellen sollte. Sein ursprünglich rein religiöser Charakter wurde im Laufe der Zeit um einiges zurückgedrängt zugunsten einer zunehmenden Verweltlichung, welche wiederum einen wesentlichen Auftrieb erhielt mit den Auswirkungen der Reformation. Jener Zeit verdanken wir auch den Brauch vom Christkind und der Weihnachtsbescherung: War bis dahin dem hl. Nikolaus (Sinter Klaas, Klaus, Klas oder Klos) die Rolle des Gabenbringers zugefallen, dem bei der Last seines Amtes der mit der Rute versehene und für die Bestrafung der »bösen Kind« zuständige Gehilfe Knecht Ruprecht (Pelzmärtel, Hans Trapp, Krampus) zur Hand ging, so brachte nunmehr das Christkind den braven Kindern Geschenke in einem Beutel, »Christbürde« genannt. Diese enthielt außer den angenehmeren Gaben, wie Naschwerk, Spielzeug und etwas Geld, auch schon die noch mehrfach zu erwähnenden »nützlichen« Dinge: Schulutensilien wie Schreibtafeln und Abc-Bücher sowie die unumgänglichen Kleidungsstücke.

In einer im Jahre 1571 gehaltenen Predigt geht der Pfarrer Thomas Vinita (Winzer) in Wolkenstein im sächsischen Erzgebirge ausführlich auf die Christbürde ein: »Es pflegen fromme und freundliche Eltern mit ihren

»Immer Weihnachten« wünschten sich die Kinder in dem gereimten Gespräch mit der Mutter.

»Kinder: O strahlte alle Tage, strahlte immer Weihnachten uns mit seinem gold'nen Schimmer! Mutter: Ihr Kinder, alle Tage kann's im Leben Nicht lauter gold'ne Weihnachtsbäume geben; Und, glaubt, ihr würdet in dem Christbaumwalde Nach wenig Tagen euch langweilen balde.«

Auf dem Tisch mit Stekkenpferd, Puppe, Ritter, Holzsoldat und Büchern ist rechts ein kleiner Kinderguckkasten aufgestellt. – Aus Traugott Löschke »Himmelsblümchen für fromme Kinder, mit Bildern von Alexander Strähuber (1814–1882). München 1847«.

Kinderlein um diese Zeit gar mancherlei Gespräch zu halten vom heiligen Christ und seinen Bündlein oder Bescherungen etcetera ... Die Kinderlein finden in ihren Bündlein gemeiniglich fünferlei Dinge. Erstlich güldige, als Geld, viel oder wenig, nachdem der Haus=Christ vermag und reich ist; doch lassen sich auch die armen Kinderlein an einem Pfennige oder Heller in (einen) Apfel gesteckt, genügen und sind guter Dinge darüber. Danach finden sie auch genießliche Dinge, als Christstollen, Zucker, Pfefferkuchen und aus diesen allen mancherlei Konfekt und Bilder, daneben Äpfel, Birnen, Nüsse und gar mancherlei Gattung allerlei Bestes. Zum dritten finden sie ergötzliche und zu Freuden gehörige Dinge, als Puppen und mancherlei Kinderwerk. Zum vierten finden sie nötige und zur Bekleidung und Zier des Lebens dienstliche Dinge gar mancherlei und hübsche Kleiderlein von gutem Gezeuch, mit Seiden, Gold und Silber und reinlicher Arbeit gefertigt. Zum letzten finden sie auch, was zur Lehre, Gehorsam, Zucht und Disziplin gehört, als Abc=Täflein, Bibeln und schöne Bücherlein, Schreib= und Federzeuge, Papier und die angebundene Christrute.«

Als späterhin die Christgeschenke immer reichhaltiger wurden und nicht mehr in der Christbürde Platz fanden, breitete man sie auf einem Gabentisch aus, wobei man jedoch nicht versäumte, auch hier die Rute hinzuzulegen, als unübersehbares Memento für die faulen und unartigen Kinder. So verhielt es sich nicht anders bei der mit dem Jahr 1572 wohl ältesten überlieferten Christbescherung, deren reiche Ausstattung allerdings nicht wunderzunehmen braucht, galt sie doch den Kindern des Kurfürsten August von Sachsen. Der sorgfältigen Haushaltsführung am sächsischen Hofe verdanken wir die ehemals im Königlichen Archiv in Dresden aufbewahrte Rechnung für die diversen Geschenke, die mit ihrer genauen Beschreibung vor allem der Spielsachen ein wertvolles kulturhistorisches Dokument darstellt. Zugedacht waren die ganzen Herrlichkeiten, einschließlich zweier, mit sechs Pfennigen berechneten Ruten, dem zwölfjährigen Kurprinzen Christian und den beiden zehn- und fünfjährigen Prinzessinnen Dorothea und Anna. Für den Prinzen hatte der jagdliebende Vater eine Jagd bestellt, die aus Hirschen, Hirschkühen, Rehen, Sauen, Füchsen, Wölfen und Hasen bestand, von jeder Art vier Stück, dazu 24 Hunde, sechs Jäger zu Fuß und sieben zu Pferde, einen Maulesel, weitere zehn Pferde und einen Schlitten. Der Holzschnitzer erhielt für jedes Stück nicht weniger als zwölf Groschen. Hinzu kamen noch die Bemalung und der sonstige Ausputz. Bei solchem Spielzeug ist verständlich, daß aus dem kleinen Christian später ein passionierter Jäger geworden ist.

Für den Weihnachtstisch der »Kurfürstlichen Fräuleins« war die vollständige Ausstattung einer Puppenküche und Puppenstube bestimmt, zinnerne, messingene und kupferne Küchengeräte, Tischtücher, Körbe, Schränke, Stühle »und was zum Hausrath gehöret«. Es werden allein 36 Löffel, 71 Schüsseln und 106 Teller genannt, dazu 40 Bratenteller, Hackmesser, Bratspieße, Brotmesser, Mörser, Durchschläge, Barbierbecken (!), zwei kleine Schreibzeuge, Spiegel, Nähkissen von grünem Samt und mit goldenen und silbernen Posamenten belegt. Auch »9 gepapte Docken, die man mit Schnürlein zeucht«, also Hampelmänner, im Preis von 1 Gulden

»Sophie und Alberth, die Kinder eines Kaufmanns, hatten von ihrem Onkel jedes vier Groschen bekommen, um sich auf dem Weihnachtsmarkte etwas zu kaufen ... Die zwei Geschwister durchzogen nun an einem kalten Vormittag die Reihen der mit solchen Waaren angefüllten Buden, welche sich für Weihnachtsgeschenke eigneten, denn da waren Buden mit Naschwerk, mit Spielzeug, mit Buchbinder-Galanterie und so mancherlei Waaren. Als beide Kinder so von Bude zu Bude gingen, ... zog eine große Puppe, es war ein Hanswurst, die in einer Bude stand, wo noch ein Christbaum zu verkaufen war, ihre Aufmerksamkeit auf sich.« Der kolorierte Kupferstich zeigt diese Szene. In der Geschichte aber schenken die Kinder ihr Geld schließlich der von links herankommenden armen Frau, damit diese ihrer kleinen Nichte den so sehnlich gewünschten Christbaum samt Lichtern und Weihnachtsgebäck kaufen kann. Der Appell an Mitgefühl und Wohltätigkeit verhallte nie ungehört – in den Kinderbüchern der Biedermeierzeit jedenfalls! – »Das Christbäumchen« in »Tante Freundlichs Erzählungen für Mädchen. Leipzig o.J. (um 1830)«.

»Wenn Kinder wohlhabende Eltern haben, dann schauen sie die Herrlichkeiten auf dem Weihnachtsmarkt mit der stillen Hoffnung an, daß einige der schönen Sachen am heiligen Abend unter ihrem Christbaum liegen werden. Arme Kinder aber wissen, daß ihre Eltern kein Geld haben und nichts kaufen können«, bemerkt Thekla von Gumpert in der Erzählung »Das Christkind. I. Weihnachtstage in Berlin«. Fürwahr, so verhält es sich. Von diesen armen Kindern, die mit ihrem Kleinhandel die Familienkasse aufzubessern suchen, zeigt die ganzseitige Illustration der Geschichte, eine kolorierte Lithographie von Hugo Bürkner, hinter dem Tischchen einen »Knaben mit seiner Schnarre«, der »damit den Leuten dicht vor den Ohren rasselt«. Er verlangt für sein Lärminstrument denselben Preis wie sein Konkurrent, »ein anderer Knabe«, der »seinen Waldteufel herumschwenkt« und »das laute Brummen desselben mit dem Ruf begleitet: ›einen Sechser für den Waldteufel, den Waldteufel für einen Sechser‹.« Links im Vordergrund sitzt »ein anderes armes Kind, ein kleines Mädchen, welches kleine Schäfchen zum Verkauf ausbot. Es waren hölzerne Thierchen, in flockige Baumwolle gehüllt und mit rothen

Halsbändchen geschmückt, ›einen Dreier für das Schäfchen, das Schäfchen für einen Dreier!‹ rief das Kind mit kläglicher Stimme den Vorübergehenden entgegen. Der Knabe mit dem Korbe trat zu dem kleinen Mädchen heran, nahm eines der Schäfchen in die Hand, liebkosete es und sagte: ›willst Du mir das Schäfchen schenken?‹ ›Ich darf nichts verschenken‹, erwiderte das Mädchen, ›einen Dreier für das Schäfchen, das Schäfchen für einen Dreier.‹ ›Ich habe keinen Dreier‹, klagte der Knabe, ›hätte ich Geld, ich kaufte mir Handschuhe, mich friert so sehr!‹ ›Und ich muß Geld für die Schäfchen nach Hause bringen‹, sprach das Mädchen, ›Großmutter will uns Suppe kochen.‹« – Aus »Herzblättchens Zeitvertreib. Erster Jahrgang, Glogau (1856)«.

Die Buden der Spielwarenhändlerin und des Pfefferküchlers rechts im Bild erwecken sogleich das Interesse der Jugend. Doch auch der Drechsler bietet neben seinen Pfeifenrohren hölzerne Spielzeugpferde an. – Kolorierte Lithographie aus »Kleiner Bilderschatz. Ein Buch für kleine artige Kinder. Berlin o.J. (um 1840)«.

Mit der buntbewegten Szenerie eines Weihnachtsmarktes in Frankfurt am Main beginnt »König Nußknacker und der arme Reinhold«, das 1851 erschienene zweite Bilderbuch des Struwwelpeter-Verfassers Dr. Heinrich Hoffmann (1809–1894). Hinter den hellerleuchteten Spielzeugbuden sind die drei Giebel des berühmten »Römer« zu sehen. Das im 15. Jahrhundert als Rathaus entstandene Gebäude diente späterhin als Schauplatz der in seinem »Kaisersaal« stattfindenden Festbankette anläßlich der Kaiserkrönungen.

Kinder traten auf den Weihnachtsmärkten nicht nur als Kunden, sondern oft auch als Händler in Erscheinung. Auf dem Dresdener »Striezelmarkt« von 1851 verkaufen Jungen die aus Backpflaumen zusammengesetzten und als »Pflaumentoffel« altbekannten Essenkehrerfiguren. Offenbar für eine große Familie hat die Bäuerin und ihr kleiner Sohn eingekauft. Verdeckt auch der Christbaum den Inhalt der Kiepe, sind doch immerhin sichtbar Flinte, Hampelmann, Schellenbaum, Steckenpferd und Windmühle. – Holzschnitt nach einer Zeichnung von Hugo Bürkner (1818–1897).

Ein alter Kriegsinvalide, der selbst Fahnenlanzen und Waldteufel – die beliebten Lärminstrumente – auf dem Berliner Weihnachtsmarkt feilbietet, schlichtet energisch den heftigen Streit zwischen jungen Waldteufelhändlern. – Kolorierte Lithographie von Franz Burchard Dörbeck (1799–1835).

Mit dem zum Aufstellen gedachten Spielzeug, mit kleinen und großen Häusern, Kirchen, Mauern, Ställen, Bäumen, Tieren, Fahrzeugen und menschlichen Figuren ließen sich ganze Dörfer, Städte oder gar Landschaften nachgestalten. Die abgebildeten, sämtlich aus dem sächsischen Erzgebirge stammenden Häuser sind zum Teil älter als die Wagen, »Männel« und Tiere, die erst seit dem ausgehenden 19. Jahrhundert als »Erzgebirgsminiaturen« die Kinderherzen eroberten. Die Bäume sind entweder aus Holz gedrechselt und beschnitzt oder aus grün eingefärbtem Luffaschwamm.

Bis auf die vermutlich in Böhmen hergestellten Frauen mit angesetzten Füßen kommen die anderen gedrechselten und beschnitzten Figuren aus dem Erzgebirge, ebenso wie der Hirte und die Biedermeierdame in der Mitte, die beide mit ihrer Entstehungszeit um 1840 wohl zu den frühesten derartigen Erzeugnissen erzgebirgischer Spielzeugschnitzer gehören.

Der lustig-würdevolle erzgebirgische Hirte, der die Ziegen und Schafe – aus einem gedrechselten Reifen abgespaltene und mit Hörnern, Ohren und Schwänzen versehene sogenannte Reifentiere – bewacht, dürfte mit Bäumchen und Hund schon im ersten Drittel des 19. Jahrhunderts entstanden sein. Darauf weisen die bäuerliche Tracht mit Kniehosen und die altertümliche Gestaltung des Laubwerks hin. Als unbemaltes Modell ist diese Hirtengruppe auch vorhanden in einem um 1850 hergestellten Spielzeugmusterbuch der 1787 gegründeten Firma Georg Carl Oehme in Waldkirchen.

10 Groschen 6 Pfennig, waren dabei. Besorgt hatte die schönen Dinge der Leipziger Bürgermeister Hieronymus Rauscher, dessen Sohn und ein Tischler die kostbare Ladung auf einem zweispännigen Mietwagen an den Hof des derzeit in Torgau residierenden Kurfürsten geleiteten.

Aus derselben Zeit, aus dem Jahre 1584, haben wir noch eine andere Schilderung der »Heiligen Christ=Bescherung« und der dabei verschenkten Spielsachen. »Die kleinen Söhne und Töchter der Christen erwarten gewöhnlich mit großer Sehnsucht, meist im Abendgottesdienst am Jesusgeburtsfest, die Geschenke des Christ, von dem man hier glaubt, er komme mit einem schwerbepackten Wagen durch Dächer und Fenster herein, dem Donner gleich, dort, er ziehe mit einem Engelgefolge durch die einzelnen Häuser. Wenn er dort findet, daß die Kinder artig sind und die christlichen Gebete können, so teilt er ihnen verschiedentliche Geschenke aus: Klappern, Kästchen, Kleider, Störche, Schäfchen, Pferdchen, Wägelchen, Äpfel, Birnen, Nüsse, Honigkuchen und andere schöne Sachen. Und dies zwar darum, damit die Kinder sich um so mehr nach der Ankunft des Christ sehnen und ihn erharren. ... Meist wird den Christgeschenken noch eine Rute beigefügt, damit die Kinder sich aus Furcht vor Prügel um so leichter im Zaume halten und leiten lassen, und damit sie lernen, daß dem Guten sich immer etwas Schlimmes beimische.« Zeigte und zeigt sich die Weihnachtszeit bis heute im allgemeinen nur von ihrer erfreulichen, Vergnügen bereitenden Seite, so läßt das Zitat doch etwas von den zwiespältigen Gefühlen erahnen, die das herannahende Fest vor allem bei den weniger braven Vertretern einer hoffnungsvollen Jugend hervorgerufen haben mag.

Ob die Kinder des Nürnberger Patriziers Lukas Friedrich Behaim auch stets mit Ungeduld ihren Bescherungen entgegenfieberten? Sahen sie sich doch alljährlich einem Gabentisch gegenüber, bei dem infolge der anscheinend übermäßig praktischen Denkweise der Eltern die nur vereinzelt eingestreuten Spielsachen förmlich verschwanden unter einer Fülle von »nützlichen« Präsenten. So erhielten die Behaimschen Kinder zum Weihnachtsfest 1622 verschiedene Ellen Zeug, Borten, Knöpfe, 100 Nadeln, Faden, »Häcklein und Schleiflein«, Stiefel, Pantoffeln, Schuhe, einen Schulkorb, Kettlein an die Messer, einen Schurz, Gesangbücher, eine Tafel, eine schöne Truhe, gefleckelte (mit Farbtupfen bemalte) Schächtelchen, eine »gulden Haarhaube« und dergleichen andere Dinge. Die Geschenke für den erst anderthalbjährigen Sohn Johann Jakob sind wohl in den in der Behaimschen Buchführung verzeichneten und für allerlei »Dockenwaar« (Spielwaren) ausgegebenen 6 Gulden 33 Kreuzer enthalten. 1627 erhielten die Buben einen Wagen mit zwei Pferden; Sabine aber mußte sich mit einem »Brüstlein« (Mieder) für ihre Puppe begnügen. In den folgenden Jahren bekamen die Kinder Strümpfe, Hütlein, lateinische Bücher, Brettleinsgeigen (Brettgeige), eine Karbatsche (Riemenpeitsche), einen Gürtel, Handschuhe, Arndts »Paradiesgärtlein« (ein Andachtsbuch), eine Schere und einen Pelz, Trühlein, Haarhauben, eine Haarbürste, die zehnjährige Sabine eine erzen (verbrämte) Haube und eine von weißem Pelz und sogar ein Paar Zöpfe um 1 Gulden!

Sowohl luxuriöse als auch recht bescheidene Weihnachtsgeschenke konnten die Chronisten auf den Gabentischen in Herrscherhäusern registrieren. Nicht gerade verwöhnt wurden die brandenburgisch-preußischen Potentaten, als sie noch in den Kinderschuhen steckten. So empfing der Große Kurfürst Friedrich Wilhelm als Knabe einmal in Nürnberg hergestelltes oder gehandeltes und als »Nürnberger Tand« bekanntes Spielzeug, darunter einen Esel, ein Pferd, ein Öchslein, ein Zicklein und einen Schäfer mit Hund, worüber er lebhafte Freude gezeigt haben soll. Dem kindlichen Gemüt seines Sohnes und Thronfolgers jedoch glaubte er auch zum Christfest den Ernst des Daseins vor Augen führen zu müssen, und so fand jener auf seinem Gabentisch eine Landkarte mit erhabenen Gebirgen, einen Himmelsglobus sowie einen kunstvollen Kristallbecher des Hofalchimisten Johannes Kunkel vor. Der »Soldatenkönig« Friedrich Wilhelm I. bekam als kleiner Junge einmal ein Ziegengespann, an einem anderen Weihnachtsabend aber Fénélons »Abenteuer des Telemach«, einen letztlich trockenen, langweiligen Erziehungsroman, dessen Lektüre dem ohnehin den Wissenschaften abholden Knaben eher Qualen als Freude bereitet haben dürfte. Als Vater dann beschenkte er seine Töchter mit Puppen und Bällen, die jungen Prinzen jedoch bereits in frühester Kindheit mit Uniformteilen und Grenadiermützen, kleinen Flinten, Säbeln und Trommeln.

Bei der Darstellung dieser gleichsam vorbereitenden »Frühzeit« der Weihnachtsbescherung fällt dem Leser alsbald auf, daß etwas ganz Wesentliches noch fehlte, was heute als das Weihnachtssymbol schlechthin gilt: der Weihnachtsbaum. Bei den frühen Bescherungen hat es ihn

»Die Weihnachts-Geschenke« unter dem Christbaum bescherte in diesem Fall und in der gleichnamigen Erzählung eine Tante ihrem Neffen Reinhard. – Kolorierte Lithographie von Ferdinand Jättnig aus Amalia Schoppe geb. Weise »Hundert kleine Geschichten. Das allerliebste Buch für gute kleine Kinder. Berlin (1836)«.

noch nicht gegeben, den prachtvollen, mit seinem Kerzenglanz erst jene unvergleichliche Feststimmung erzeugenden Wunderbaum, der die Kinderherzen so unwiderstehlich in seinen Bann zieht. Wenn auf alten Lithographien und Radierungen von Otto Schwerdgeburth (1843) und Gustav Koenig (1847) zu sehen ist, wie Martin Luther das Fest im Kreise seiner Familie begeht, so erscheinen zwar die abgebildeten Geschenke für das 16. Jahrhundert durchaus glaubhaft, keineswegs aber die mit leuchtenden Kerzen versehenen Christbäume. Übertroffen werden diese Anachronismen jedoch von den dichterischen Freiheiten, die sich Joseph Victor von Scheffel in seinem »Ekkehard« (1862) herausnimmt. In diesem im Mittelalter spielenden Roman sind Baum, Bescherung und Gabentisch mit allen möglichen Attributen wie mandelgespickten Lebkuchenherzen und Schaumgold zum Nüssevergolden ebenso gang und gäbe wie zu Lebzeiten des Verfassers im 19. Jahrhundert. »Der Weihnachtsbaum war gefällt; sie schmückten ihn mit Äpfeln und Lichtlein«, heißt es da, und als der Heilige Abend gekommen war, versammelten »die gesamten Insassen der Burg sich in festlichem Gewand; zwischen Herrschaft und Gesinde sollte heute keine Trennung sein. Ekkehard las ihnen das Evangelium von des Heilands Geburt, dann gingen sie paarweise in den großen Saal hinüber, da flammte heller Lichtglanz und festlich leuchtete der dunkle Tannenbaum«.

Die älteste, aus Straßburg im Elsaß stammende Nachricht über Weihnachtsbäume ist in einem handschriftlichen Bericht von 1605 enthalten, der aber möglicherweise eine bereits längere Tradition beschreibt: »Auff Weihenachten richtet man Dannenbäum zu Strasburg in den Stuben auff, daran hencket man roßen (Rosen) auß vielfarbigem papier geschnitten, Aepfel, Oblaten, Zischgolt, Zucker etc.« Mußten diese »Dannenbäum«, wie es aussieht, noch ohne Lichter auskommen, so sind doch schon für das Weihnachtsfest 1611 auf dem Schloß zu Brieg in Schlesien mit Wachskerzen besteckte Tannen bezeugt. Auch in der alten romanischen Dorfkirche von Lindenau bei Leipzig soll man im Jahre 1632 an dem ersten Weihnachtsbaum bereits Lichter angezündet haben. Verbürgt ist der brennende Weihnachtsbaum in Zittau in einer von dem Wittenberger Juristen Gottfried Kissling 1737 verfaßten Schrift »Von heil. Christ=Geschenken«. Übrigens kamen, um die teuren Kerzen zu sparen, anfangs gelegentlich halbe, mit Öl gefüllte Nußschalen und darin schwimmende

Baumwolldochte als Baumbeleuchtung in Anwendung. Auch der Schriftsteller Johann Heinrich Jung-Stilling spielt offenbar auf eigene Jugenderlebnisse an, wenn er 1793 einen weihnachtlichen, »hell erleuchteten Lebensbaum mit vergoldeten Nüssen« zitiert in Verbindung mit »Schäfchen, Christkindchen, Puppen« und »Schüsseln mit Obst und Konfekt«. Und ebenfalls um Kindheitserinnerungen oder aber um das Gedenken Goethes an den Lichterbaum im Hause des Kupferstechers Stock in Leipzig im Jahre 1766 kann es sich bei der Szene in »Werthers Leiden« handeln, als Werther Lotte in der Vorweihnachtszeit beim Zurechtmachen von Spielzeug für die kleinen Geschwister antrifft. »Er redete von dem Vergnügen, das die Kleinen haben würden, und von den Zeiten, da einen die unerwartete Öffnung der Thür und die Erscheinung eines aufgeputzten Baumes mit Wachslichtern, Zuckerwerk und Äpfeln in paradiesische Entzückung setzte.«

1785 wird, wiederum aus Straßburg, berichtet: »Der große Tag kommt, man bereitet in jedem Hause den Tannenbaum, bedeckt mit Lichtern und Bonbons, mit einer großen Illumination. Man erwartet die Ankunft des Christkindels, das die guten kleinen Kinder beschenken soll. Aber man fürchtet auch den Hanstrapp, der die ungehorsamen und bösen Kinder aufsuchen und strafen muß.« In der bekannten, 1784 gegründeten Salzmannschen Erziehungsanstalt Schnepfenthal in Thüringen erhielt 1790 jeder Schüler »ein mit Früchten behangenes Fichtenbäumchen«, 1801 aber wurden Weihnachtsbäume mit vergoldeten Nüssen, Äpfeln, Zuckerwerk und Wachslichtern aufgestellt.

Recht kurios hört sich die Geschichte von dem ersten Berliner Weihnachtsbaum an, den 1755 der Kaufmann Johann Ernst Golzkowsky in der Brüderstraße nicht etwa mit Kerzen und Baumschmuck herausputzte, sondern mit vergoldeten und versilberten – Kartoffeln, was die »Berlinische Zeitung« ihren Lesern natürlich umgehend mitteilen mußte. Damit diente er zugleich als »Patriot« den Bestrebungen Friedrichs II., die Kartoffel einzuführen, zum anderen aber sich selbst als Kaufmann, der mit den neuen Erdfrüchten ins Geschäft zu kommen suchte. So gingen Geschäftssinn und Vaterlandsliebe einmal mehr eine honorable Verbindung ein. Doch um die gleiche Zeit ist auch in Leipzig die Rede vom »Kartoffelbaum«, denn man hatte in den Nachbarorten Naunhof und Machern die ersten vielbestaunten Erdäpfel geerntet, die den Leipziger Bürgern auf der Stelle kostbar und fein genug erschienen, um vergoldet als Christbaumschmuck zu debütieren.

In der Biedermeierzeit, als der Weihnachtsbaum schon längst fest etablierter Mittelpunkt des Festes geworden war, berichtet eine außenstehende Augenzeugin, die englische Schriftstellerin Frances Trollope, anläßlich einer Reise nach Wien im Jahre 1836 über die ihr ungewohnten dortigen Weihnachtsbräuche: »Seit einigen Tagen herrscht in der ganzen Stadt ein mehr als reges Treiben, das den Vorbereitungen zum Weihnachtsfest gilt… In den wichtigen Artikeln, wie Shawls, Spitzen, Seidenstoffen, Atlas und anderem mehr, ist es kaum möglich, daß sie irgendwo übertroffen werden könnten. Die Gold- und Silberschmiede und die Juweliere überbieten mit ihren kostbaren Kollektionen sicher die von Frankreich und England … Das geschliffene Glas in den Auslagen ist über alle Vorstellung zart und schön. Man glaubt sich fast im Bannkreise eines Zauberers, so strahlend, so geschmackvoll und phantastisch in Gestalt und Farbe sind die Schöpfungen der böhmischen Glasfabriken. Die Fenster der Zuckerbäcker prangen hier allerdings nicht mit majestätisch aufgeschichteten und prächtig verzierten Christmas-Cakes wie bei uns. Statt dessen gibt es aufgereiht Bonbonnieren aller Art, welche die Augen blenden, denn es flimmert und funkelt wie in Grotten mit tausend Kristallen. Die Kunst, in Zucker zu arbeiten, wird nirgends, selbst nicht in Paris, mit größerer Vollkommenheit beherrscht als hier. So kann man alle Früchte der Erde unabhängig von der Jahreszeit genießen und hat es doch nur mit Zuckerpflaumen zu tun … Diese besonderen Vorbereitungen zum Feiern sind aber keineswegs nur auf die wohlhabenderen Klassen beschränkt. An jeder Straßenecke sieht man Käufer, oft aus den niedrigsten Ständen, um Christbäume feilschen, die mit buntem Papier aufgeputzt sind. Die Bäume, die meistens Tannen sind, werden in jeder Größe und für jeden Preis fast von allen Familien, in denen noch Jugend ist, gekauft. Diese Sitte ist keineswegs nur in der Hauptstadt üblich, sondern, so hat man mir erzählt, es gibt in Österreich keine Hütte, die nicht in irgendeiner Form diese frohen Festtage begeht. Auf den ›Christbaum‹, wie man ihn nennt, werden an die Zweige allerlei herzige Spielsachen, Bijous und Bonbons gehängt, welche unter die beim Feste Anwesenden verteilt werden. Ich habe in den Zügen manch armer Frau, die beim Kauf zwischen Zweigen, die mit rotem oder blauem Papier geschmückt waren, schwankte, genau die gleiche Freude erkannt, wie sie die reichste Dame nicht stärker empfinden konnte, während sie für ihre Freunde die elegantesten und kostbarsten Geschenke wählte.«

Daß dem Dichter Wilhelm Raabe Weihnachten als Lieblingsfest galt, merkt man vielen seiner Erzählungen und Romane an, vor allem aber seiner »Chronik der Sperlingsgasse« (1858). Und Schiller wurde, als er einmal in der Weihnachtszeit seine schwäbische Heimat besuchte, von einem Jugendfreund angetroffen, als er allein und in Gedanken verloren unter einem mächtigen, im Lichterglanz erstrahlenden und mit Pfefferkuchen und vergoldeten Nüssen behängten Weihnachtsbaum saß. »Ich erinnere mich meiner Kindheit«, sagte er lächelnd, »und dabei freue ich mich, die dereinstige Freude meines Sohnes jetzt schon im voraus zu genießen. Der Mensch ist nur einmal in seinem Leben Kind, und er muß es bleiben, bis er seine Kindheit auf ein anderes Wesen vererbt hat.« Auch an seinem letzten Weihnachtsfest 1804 brannte in seinem Hause in Weimar wie üblich der Lichterbaum. Schiller trug sein jüngstes, kaum halbjähriges Töchterchen Emilie um den Baum herum und konnte sich vor Freude an der Bescherung kaum von Kerzenglanz und Gabentisch trennen.

Der Dichter jedoch, der wie wohl kein zweiter das Weihnachtsfest beging, hieß Theodor Storm. Die Ausschmückung des Christbaums gestaltete sich bei ihm alljährlich zu einer mit größter Sorgfalt und viel Liebe vorbereiteten und mit Hingabe ausgeführten Haupt- und Staatsaktion. Man braucht hierzu nur in seinen Briefen und in den Erinnerungen seiner Tochter Gertrud nachzulesen. Der große Tisch mit der schwarzen, polierten Platte in der Studierstube Storms blieb seiner Tochter »schon deshalb unvergeßlich, weil einige Tage vor Weihnachten an ihm vergoldet wurde«. Doch steht im Arbeitszimmer des Vaters auch der geheimnisvolle Nußbaumschrank, Gegenstand sehnsüchtiger Erwartung und Vorfreude, denn er »birgt in seinem Innern alle Geheimnisse und Wunder fürs Weihnachtsfest«. Gertrud Storm erzählt: »›Morgen wollen wir vergolden und Netze schneiden‹, spricht der Vater verheißungsvoll. Wenn wir in ein bestimmtes Alter gekommen waren, durften wir helfen. Die langen, schmalen Streifen Rauschgold wurden freilich nur von unserem Vater geschnitten mit seiner großen alten Papierschere, die ich so deutlich vor mir sehe. – Morgen ist heute geworden und Vater nimmt uns mit in seine Studierstube. Die dunkle Holztäfelung der Decke, die tiefrote, behagliche Färbung der Wände, an denen rings herum die Bücherregale laufen, und über dem Tische die helle leuchtende Lampe schauen uns behaglich und gar verheißungsvoll an. Auf dem Tische ausgebreitet liegen Nüsse, Tannenzapfen, Eier und Schaumgold. Wir setzen uns alle um den Tisch und beginnen nach Vaters Anordnung Watte in Eiweiß zu tauchen, mit der wir vorsichtig Nüsse und Tannenzapfen betupfen. Dann wird ein Stück Schaumgold auf die befeuchtete Stelle gelegt und vorsichtig mit Watte angetupft. Nun werden zwölf Netze vom feinsten weißen Konzeptpapier geschnitten. Uns Kindern klopft das Herz dabei: ›wenn wir nun die Spitzen abschneiden!‹ In die Netze kommen große, viereckige Bonbons, die wir alter Tradition gemäß in farbige Papiere wickeln, die durchaus die Farben: grün, gold und hausrot haben müssen. Auf diese Netze, in denen schon seine Kinderträume hingen, legte unser Vater besonderen Wert … Die weißen Netze sind geschnitten und tadellos zu unseres Vaters innigster Befriedigung ausgefallen. Goldene Nüsse, Eier und Tannenzapfen hoben sich leuchtend von der Tischplatte ab.«

Aus diesen Berichten läßt sich ziemlich genau ersehen, was alles Theodor Storm zur Ausschmückung seiner »breitästigen, zwölf Fuß hohen Tannen«, wie er Gottfried Keller brieflich berichtet, verwendet hat. Der von 60 Lichtern erhellte Baum war reich behängt mit Zuckerpuppen, »wie sie in unserer Jugend waren«, mit Goldfäden zum Bespinnen des Baums, Traubenbüscheln des Erlensamens, Fichtenzapfen, vergoldeten Eiern und Walnüssen, einen vom Sohn erfundenen, vergoldeten »Märchenzweig«, lebensgroßen Kreuzschnäbeln aus Papiermaché, Rotkehlchen neben ihrem Nest mit Eiern, feinen weißen Netzen, deren Inhalt in Gold- und Buntpapier gewickelt war, Rosinengirlanden und Rauschgoldstreifen, schleswig-holsteinischen Dragonern, Wachsengeln und ungezählten Glaskugeln. Also finden sich in Storms vielgestaltigem Sortiment auch die ab 1867 in Gebrauch gekommenen Lauschaer Glaskugeln. Diese sollten späterhin, erweitert um zahlreiche figürliche Variationen, neben Lametta, Engelshaar und dem von der Industrie eigens hergestellten Christbaumkonfekt das Erscheinungsbild der Weihnachtsbäume bestimmen. Zuvor hatten schon mannigfache Formen von Baumschmuck aus Zinn, Holz, Wachs, geprägter Pappe und buntem Blech sowie geblasene Glasfiguren dazu beigetragen, den ursprünglichen, schlichten und bis zum Ausgang der Biedermeierzeit gebräuchlichen Baumbehang mit

Das Lotteriespiel in seiner Originalverpackung, einem mit Buntpapier beklebten Pappkästchen, ist ein typisches, um die Mitte des 18. Jahrhunderts hergestelltes Kupferstícherzeugnis volkstümlicher Barockkunst.

Die früheste Form des Kinderkaufladens stellt diese kleine, mit Silberbronzepapier verzierte und verschließbare Truhe mit zwei Verkaufsständen dar. Die knapp 6 cm großen Figuren, die Brot, Bier und Branntwein feilbieten, haben Köpfe aus Wachs mit Werghaaren und sind mit echten, mit gewirkter Goldborte versehenen Stoffen der Zeit bekleidet. Die kleine Kostbarkeit aus der ersten Hälfte des 18. Jahrhunderts hat ihren Ursprung in Süddeutschland.

Ein nachmals höchst beliebtes Aufstellspielzeug waren die im 18. Jahrhundert aufgekommenen flachplastischen, beiderseits gravierten Zinnfiguren. Die »Portugiesin« mit Einkaufskorb (um 1790) gehört in eine völkerkundliche Serie, der Arkebusier (Hakenbüchsenschütze) aus einer alten Specksteinform ist als Vorläufer bereits um 1700 anzusetzen. Etwa um 1770 dürften der lustige Schneider auf der Geiß sowie der Soldat mit geschultertem Gewehr entstanden sein. Die kunstvoll geschnitzten Holzfiguren eines Sänftenträgers mit Dreispitz und eines bezopften Violinspielers sind Weimarer Herkunft, wo man sie sich gut in der Umwelt der Goethezeit vorstellen kann.

Bericht und Regel dieses Eülen Spiels.
Erstlich vergleichen sich die Spieler, was der Satz seyn soll, zum Exempel 9. der am meisten wirft, fängt an mit 3. Würfeln zu spielen, wirft er einen Pasch, so sucht er seine Zahl was er geworfen hat im grosen ring. das B. bedeut bezahl so viel als die Zahl anzeiget. N. bedeut nim. Ein gantzer Pasch gewint halben Theil was im Spiel steht, aber alle 6. gewint das gantze Spiel. N N bedeut nim nichts. Der kein Pasch wirft, sucht seine Zahl im kleinen ring u. bezahlt oder nimt so viel, als ihm sein Glück weiset.
N.122.
I P Wolff seel. Erben exeu:

Besonders prachtvoll gestaltet ist das barocke »Eulen Spiel«, ein mit drei Würfeln zu spielendes Glücksspiel. – Kolorierter Kupferstich um 1750 aus dem 1680 gegründeten und seit 1711 unter »I. P. Wolff seel. Erben« firmierenden Nürnberger Verlag.

Reich gedeckt um eine dreiseitige Pyramide herum ist der Gabentisch mit Puppe, Windmühle, Reiter, Bilderbuch, verschiedenen Spielzeugfiguren sowie mit Pfefferkuchen, Nüssen und Weihnachtsgebäck, freudig begrüßt von dem größeren Sohn der Familie. Der kleine Bruder hingegen hat seine Aufmerksamkeit bereits auf ein bestimmtes, besonders ins Auge fallendes Geschenk gelenkt: auf das Wiegenpferd. – Kolorierte Radierung aus »Unterhaltendes A.B.C. und Lesebuch, ein Geschenk für gute Kinder. Dresden o.J. (um 1810)«.

Junge Leute aus der Stadt – Adeline, Auguste, Rosalie, Ferdinand, Wilhelm und Emil – weilten auf dem Lande und hatten sich vorgenommen, den Kindern des Dorfes das Christfest auszurichten, »es waren deren gerade zwanzig … Alle sollten ein Geschenk, die ärmeren obendrein warme Bekleidung« erhalten. Jedes der Stadtkinder »that das Seinige für die Verschönerung dieses großen und wichtigen Tages«. Die Jungen bastelten Holzspielzeug, bauten Handschlitten und kleine Schiebkarren und klebten Nähkästchen, die Mädchen fertigten Kleidungsstücke. Aus der Stadt wurden »in einem großen Korbe Pfeffernüsse, Honigkuchen, Rosinen, Mandeln, Nüsse etc.« herangeschafft. Endlich war es soweit: »Ich kann Euch nicht beschreiben, wie hübsch sich der lange Tisch, bedeckt mit saubern Tischtüchern, bestellt mit hell schimmernden Kerzen, ausnahm! Zwanzig Teller mit Näschereien und bei jedem der Name des Kindes und das ihm bestimmte Geschenk, waren auf diesen Tisch gestellt, in dessen Mitte ein großer Tannenbaum mit rothen Äpfeln, vergoldeten Eiern, Wallnüssen und einer Masse von Knittergold prangte …« – Kolorierter Kupferstich aus Amalia Schoppe geb. Weise (1791–1858) »Die Pflege-

mutter und ihre Pflegetöchter. Ein unterhaltendes und belehrendes Lesebuch für Teutschlands gebildete Jugend beiderlei Geschlechts. Leipzig o.J. (um 1830)«.

In einem höchst ansehnlichen und besonders stimmungsvollen Weihnachtszimmer flankieren ein kleiner, schmuck- und lichterloser Baum sowie ein in üblicher Weise ausgestatteter einen größeren, gleichfalls mit Äpfeln und Pfefferkuchen behangenen, in dessen Zweigen jedoch auf ungewöhnliche Art drei dicht mit Kerzen bestückte Reifen angebracht sind. Auf der weißgedeckten Tafel fand eine Weihnachtskrippe Aufstellung und vielerlei Spielzeug, so ein Baukasten, ein Puppenbett, Puppengeschirr, ein kleines Posthorn, ein Vogel mit Stimme, Zinnfiguren und Häuser zum Aufstellen. Liebevoll hat sich das kleine Mädchen seiner neuen Puppe und der Wiege angenommen. Der ältere Knabe wagt einen ersten Ritt auf dem Schaukelpferd, wofür Roß und Reiter die mit Äpfeln und Gebäck gefüllte Krippe als Belohnung winkt. – Kolorierter Kupferstich aus Wilhelm Harnischs (1787–1864) »Der Himmelsgarten. Breslau 1824«.

Eine Bescherung zweier Familien in der Zeit, als Kinder- und Puppenwagen noch gezogen wurden. Der Junge, der gerade sein Wiegenpferd besteigt, erinnert mit seiner Polenmütze an das Jahr 1830, als die vom russischen Zarenreich bedrängten Polen in Deutschland auf große Anteilnahme rechnen konnten. – Kolorierte Federlithographie aus »Bilderschatz aus dem Kinder- & Familienleben. Eßlingen (1844)«.

Ihre Blütezeit hatten die Zinnfiguren im Biedermeier. Der Spaziergang eines Vaters mit seinen Kindern, bei dem das Mädchen einen korbgeflochtenen Puppenwagen wie auf dem nebenstehenden Bild zieht, wurde ebenso wie die Jagdfiguren und das »Gartenvergnügen« (mit einer beweglichen Schaukel!) um 1840 hergestellt. Aus den 1860er Jahren stammen die Damen mit dem Korbkinderwagen.

Die verschiedenen Holzsoldaten entstammen den Jahren von etwa 1840 bis 1900. Die charakteristische, volkstümlich bemalte Spanschachtel, in der sie bisweilen zum Verkauf gelangten, diente meist auch darüber hinaus als praktikabler Aufbewahrungsort.

Das bunte Sammelsurium von Holzspielsachen gibt zugleich eine Vorstellung von ihrer unterschiedlichen territorialen Herkunft. So stammt das Räderpferd aus Ostpreußen, das Grillenhäusel, in das man Grillen einsperrte und zirpen ließ, aus Bayern, das Glücksspiel mit der gekrönten Spiralenfigur, »Kakelorum« genannt, aus Berchtesgaden, der holzgeschnitzte Puppenkopf aus dem Grödner Tal in Südtirol, die alles überragende »Docke« (Wickelkind) aus Thüringen und der Pfeifvogel aus Böhmen. Die Holzsoldaten um 1850 – von links ein Preuße, ein Österreicher und ein Franzose – sind erzgebirgischer Provenienz.

Bei dieser Weihnachtsbescherung sind mit dem blauen Rock und den Stiefeln auch die »nützlichen Sachen« gebührend hervorgehoben. Auf dem Gabentisch sind zu erkennen drei Teller mit vergoldeten Nüssen, eine Spanschachtel mit Kegelspiel, Marzipan, eine Messingkanone, ein Buch sowie einige Zinnsoldaten und ein Holzsoldat. – Kolorierte Kreidelithographie aus »Kleiner Bilderschatz. Ein Buch für kleine artige Kinder. Berlin o.J. (um 1840)«.

Zieht man die Lasche des Ziehbilderbuches herunter, so erscheint in den drei quadratischen Ausschnitten anstelle eines roten Vorhangs und zweier Rosetten der Engel mit geputztem Lichterbaum und dem Füllhorn mit Äpfeln, Nüssen, Gebäck, Puppe und Steckenpferd, flankiert von zwei Nikolausköpfen. Wie das Blatt »Christbescheerung« sind auch die anderen sieben Ziehbilder zusätzlich französisch und englisch beschriftet, da man bei dieser Art origineller Bilderbücher auch mit dem Verkauf ins Ausland rechnen konnte. – Kolorierte Kreidelithographie aus »Metamorphoseum. Verwandelbares Bilderbuch. O.O.u.J. (um 1860)«.

Auch über das eigentliche Kinderspielzeug hinaus entstanden im Erzgebirge eine Reihe stimmungsvoller weihnachtlicher Figuren. Neben den Räuchermännern links und rechts fällt vor allem der Leuchterengel mit Kerze in der einen und Tannenzweig in der anderen Hand auf. Die fast nie fehlende Schürze der Leuchterengel ist eine Reverenz der Spielzeugschnitzer an die eigene Hausfrau. Der typische Leuchterbergmann entstammt noch dem 19. Jahrhundert, der Nußknacker in traditioneller Form dem ersten Drittel unseres Jahrhunderts.

Ein Prachtstück seiner Gattung stellt der mit einer vereinfachten erzgebirgischen Weihnachtspyramide verbundene Leuchterengel dar, bei dem sich vier Miniaturfiguren – über das von Kerzenwärme angetriebene Windrad – auf einer winzigen, von Goldpapierborte eingefaßten Plattform drehen. Die Größe des Engels mit kronenähnlicher Kopfbedeckung und goldener Schürze beträgt bis zu den Flügelspitzen 30 cm, die Höhe über alles 35 cm.

Von den drei Räuchermännern, aus deren Mündern die im Inneren glimmenden Räucherkerzen wohlriechenden Duft verbreiten, ist der linke, ein Kavallerist (Ulan), der älteste und seltenste. Er raucht aus einer in der ersten Hälfte des 19. Jahrhunderts sehr beliebten Pfeife, einem sogenannten Ulmer Maserkopf. Der Gefährte des um 1860/70 entstandenen Soldaten, ein in ungewöhnlicher Weise hellgrün uniformierter Feuerwehrmann, ist gut fünfzig Jahre jünger. Der klassische Räuchertürke, die schon modernere Gestaltung eines noch altertümlicheren Vorgängers, mag um die Jahrhundertwende entstanden sein. Neben seiner kuriosen, fagottähnlichen orientalischen Pfeife ist bemerkenswert, daß er zugleich auch ein »Leuchtertürke« ist.

seinen vergoldeten Äpfeln und Nüssen, seinen Pfefferkuchen, Tragantfiguren und Zuckerpuppen endgültig zu verdrängen. Tragant übrigens war eine gut form- und bemalbare Masse, die aus Zucker, Stärkemehl, Eiweiß, Rosenwasser sowie dem gummiartigen Pflanzenprodukt Tragant als Bindemittel bestand. Schon seit dem Mittelalter bekannt, erfuhr seine Rezeptur im 17. und 18. Jahrhundert eine Wiederbelebung und vor allem dann im Biedermeier eine regelrechte Blütezeit, als nämlich seiner Herstellung in größerem Umfang infolge des wohlfeil gewordenen Zuckers nichts mehr im Wege stand, und die aus Tragant gefertigten Gegenstände und Genregestalten als begehrte Vitrinenfiguren, Ausstellungsstücke der Zuckerbäcker oder Spielzeugartikel lebhaften Anklang fanden.

Es ist kaum anders denkbar, als daß dem in Liedern besungenen und in Gedichten gepriesenen Weihnachtsbaum auch im Märchen und im Kinderbuch ein poesievolles Denkmal errichtet werden mußte. So weiß etwa E.T.A. Hoffmann in seinem Märchen vom »Nußknacker und Mausekönig« (1816) mit Hingabe den Zauber des Weihnachtsabends wiederzugeben: »Der große Tannenbaum in der Mitte trug viele goldene und silberne Äpfel, und wie Knospen und Blüten keimten Zuckermandeln und bunte Bonbons und was es sonst noch für schönes Naschwerk gibt, aus allen Ästen. Als das schönste an dem Wunderbaum mußte aber wohl gerühmt werden, daß in seinen dunklen Zweigen hundert kleine Lichter wie Sternlein funkelten und er selbst, in sich hinein- und herausleuchtend, die Kinder freundlich einlud, seine Blüten und Früchte zu pflücken.«

Hinter dem Dichter, Komponisten und Kammergerichtsrat Hoffmann stand Hans Christian Andersen nicht zurück, als er das Schicksal eines Tannenbaums zum Gegenstand eines seiner besinnlichen Märchen machte. Den Höhepunkt im Dasein seines »Helden« im Märchen »Der Tannenbaum« (1844) stellte der dänische Dichter wie folgt dar: »Nun kamen zwei Diener in vollem Putz und trugen den Tannenbaum in einen großen, schönen Saal. Rings herum hingen Bilder, und neben dem großen Kachelofen standen große chinesische Vasen mit Löwen auf den Deckeln; da gab es Schaukelstühle, seidene Sopha's, große Tische voller Bilderbücher, und Spielzeug für hundertmal hundert Thaler – wenigstens sagten das die Kinder. Und der Tannenbaum wurde in ein großes, mit Sand gefülltes Faß gestellt; aber Niemand konnte sehen, daß es ein Faß war, denn es wurde rund herum mit grünem Zeug behängt und stand auf einem

»Die Hampelmänner« in der gleichnamigen Geschichte von Thekla von Gumpert (1810–1897) sind Erzeugnisse der Heimarbeit des kleinen Georgel, die er nicht ohne Erfolg »jeden Abend auf dem Weihnachtsmarkt« anbietet, denn sie »gefielen allgemein«. Die Illustration schuf Karl Fröhlich (1821–1898), ein virtuoser Meister winziger Scherenschnitte. – Aus »Herzblättchens Zeitvertreib. Erster Jahrgang, Glogau (1856)«.

großen bunten Teppich. O, wie der Baum bebte! Was wird nun wohl vorgehen? Sowohl die Diener als die Fräulein schmückten ihn. An einen Zweig hängten sie kleine Netze, ausgeschnitten aus farbigem Papier; jedes Netz war mit Zuckerwerk gefüllt; vergoldete Aepfel und Walnüsse hingen herab, als wären sie festgewachsen, und über hundert rothe, blaue und weiße Lichterchen wurden in den Zweigen festgesteckt. Puppen, die leibhaftig wie Menschen aussahen – der Baum hatte früher nie solche gesehen – schwebten im Grünen, und hoch oben auf der Spitze wurde ein Stern von Flittergold befestigt; das war prächtig, ganz außerordentlich prächtig.« Doch stand auch dem Schützling Andersens das Los aller Weihnachtsbäume bevor. Nachdem die Lichter ausgelöscht waren, »erhielten die Kinder die Erlaubnis, den Baum zu plündern. O, sie stürzten auf ihn ein, daß es in allen Zweigen knackte ... Am Morgen kamen der Diener und das Mädchen herein. ›Nun beginnt der Schmuck auf's Neue!‹ dachte der Baum. Aber sie schleppten ihn zum Zimmer hinaus, die Treppe hinan, auf den Boden, und hier, in einem dunklen Winkel, wo kein Tageslicht hinschien, stellten sie ihn hin.« Von hier nun, wo ihm Mäuse Gesellschaft leisteten und neugierig seinen Geschichten lauschten, wird er eines Tages auf den Hof geschleppt, »und der Knecht kam und hieb den Baum in kleine Stücke; ein ganzes Bündel lag da; hell flackerte es auf unter dem großen Braukessel …, und dann war der Baum verbrannt.«

In der Erzählung »Weihnachtsunterhaltung«, abgedruckt in der von K.F.W. Wander herausgegebenen Sammlung »Der Weihnachtsgarten. Ein Festgeschenk für Kinder, zur Bildung des kindlichen Gemüths« (1847), legt der heute längst vergessene Verfasser Paul Hellmuth einem seiner jugendlichen Protagonisten eine naseweise Betrachtung in den Mund, die Andersens Darstellung der Weihnachtsbaum-Vergänglichkeit noch einmal aus eigenwilliger Sicht aufnimmt. Hier die betreffende Stelle: »›Eigentlich‹, sagte August, ein großes Stück Marcipan anbeißend, ›eigentlich hat's doch kein Baum so schlecht als der Tannenbaum. Seine eigene Frucht mag Niemand; soll er sich in honnetter Gesellschaft zeigen, so behängt man ihn mit Früchten, die er selbst nicht erzeugt, wunderliche Früchte: Aepfel, Nüsse, Rosinen, Mandeln, und sie ließ ich mir noch gefallen, denn sie wachsen doch wenigstens an Bäumen, allein sogar Pfefferkuchen, Marcipan und Bonbons muss er tragen, Zukkerpuppen, Strikkzeuge und Schlafmützen aus Tragant, goldne Ringlein, wie diese prächtigen Ohrringe für Cordula, und Gott weiß, was sonst noch. Und hat man ihn endlich geplündert, und hat er nichts mehr zu geben, so wirft man ihn auf den Hof und kümmert sich um ihn nicht weiter. Gewiss, Freund Tannenbaum, man geht schlecht mit dir um, doch genau genommen, geschieht dir recht, warum trägst du Kienäpfel.‹«

Ein Vorgänger des Weihnachtsbaumes war in Gestalt der schon um 1600 bekannten Weihnachtspyramiden oder »Lichterkronen« in manchen Gegenden gebräuchlich, besonders aber in Berlin und Umgebung. Diese Pyramide Berliner Provenienz, die mit ihrer spitz zulaufenden Silhouette bereits den Umriß des Weihnachtsbaumes vorwegnahm, ist nicht zu verwechseln mit der seit Beginn des 19. Jahrhunderts aufgekommenen, 1807 erstmals erwähnten erzgebirgischen »Permett«, bei der sich drei, vier oder fünf, mit bemalten Holzfiguren besetzte Stockwerke um die senkrechte Achse drehten, angetrieben von einem bekrönenden Flügelrad, das von aufsteigender Kerzenwärme in Bewegung gesetzt wurde. Wie die Berliner Pyramide beschaffen war, erfahren wir aus einem anschaulichen zeitgenössischen Bericht, der sich auf die Jahre etwa zwischen 1830 und 1840 bezieht: »Eine besondere Abteilung des Weihnachtsmarktes bildete der

Stand der Pyramiden an der Spreeseite des Lustgartens. Da es noch keine Eisenbahnen gab, welche uns die frischen Tannen aus dem Harz und Thüringen bringen konnten, so mußten sich die Berliner an diesen Papierkunstbauten genügen lassen. Auf einem mit Moos bedeckten und mit einem Gitter umkleideten Brettgestell stiegen von den vier Ecken grün gefranzte und mit Goldschaum bedeckte Stäbe auf, eine Pyramide darstellend. Eine Krone gleicher Ausstattung bildete den Abschluß. In der Mitte stand ein kräftigerer Stock, von welchem nach allen Seiten Stäbe ausliefen, worauf die Lichter angebracht wurden. Girlanden aus gleichem Geflecht vervollkommneten das leichte, im Winde geheimnisvoll rauschende Gebäude, das später mit Äpfeln, Nüssen und Zuckerwerk behängt ward.«

In der Zeit der schnellen, umgreifenden Verbreitung des Weihnachtsbaumes um 1840/50, die zugleich eine Zurückdrängung der Pyramiden mit sich brachte, betritt eine Symbolfigur den Schauplatz, die sich gleichermaßen allerorts mit Windeseile die Kinderherzen erobert: der Weihnachtsmann. Sein Name wird erstmals 1820 vermerkt und erlangt sofort größte Popularität mit dem Kinderlied »Morgen kommt der Weihnachtsmann«, das August Heinrich Hoffmann von Fallersleben 1835 aufgeschrieben hat. Dem Dichter der deutschen Nationalhymne sind übrigens noch andere bekannte und beliebte Kinderlieder zu verdanken, bei denen heute kaum jemand an den Verfasser denkt, denn sie sind zu echtem Volksgut geworden, wie zum Beispiel »Alle Vögel sind schon da«, »Ein Kuckuck und ein Esel« oder »Ein Männlein steht im Walde«. In seiner charakteristischen, späterhin nur unwesentlich abgewandelten Urgestalt mit langem weißen Bart, Kapuzenmantel und hohen Stiefeln tritt uns der Weihnachtsmann jedoch zuerst 1849 entgegen als »Herr Winter« auf dem gleichnamigen Münchener Bilderbogen. Die Vorzeichnungen für die kolorierten Holzschnitte hat Moritz von Schwind geschaffen, doch ist eine erste zeichnerische Fixierung, gleichsam die Grundidee dieser volkstümlichen Gestalt, bereits in einem Jugendwerk des Künstlers anzutreffen: in der 1825 entstandenen Folge von Federzeichnungen zu »Figaros Hochzeit«. Schwind läßt hier in einem langen Figurenreigen den Hochzeitszug vorüberziehen, darunter auch die personifizierten vier Jahreszeiten mit einem vermummten, frierenden alten Mann als »Winter«, freilich noch nicht in dem vertrauten Habitus des Weihnachtsmannes mit dem brennenden Lichterbaum im Arm, wie ihn dann der Bilderbogen herausgebil-

Vom »Münchener Bilderbogen No. 5« (1849) aus hat der Weihnachtsmann seinen Siegeszug angetreten, hier noch als »Herr Winter«. Moritz von Schwind (1804–1871) hat ihm seine unverwechselbare Gestalt gegeben.

det hat. Auf dieses Vorbild aber gehen alle späteren, ungezählten Weihnachtsmannvarianten zurück, ob als Pfefferkuchenoblaten oder Schokoladenfiguren, als bewegliche, bekleidete Schaufensterdekorationen, die mit dem Kopf nicken und mit der Rute drohen, oder als Hampelmänner zum Ausschneiden auf Neuruppiner Bilderbogen.

Wenn sie nun also herannahte, die als angenehmer Jahresausklang begrüßte Weihnachtszeit, regte sich allenthalben geschäftiges Leben. Doch nicht nur in den ohnehin von Vorbereitungen vollauf in Anspruch genommenen Familien, sondern auch in der Öffentlichkeit der Städte und größeren Landgemeinden, in denen sich das Fest mit einem eindrucksvollen Ereignis ankündigte, das der Jugend bereits einen Vorgeschmack kommender Weihnachtswonnen verschaffte. Es war der bei klein und groß so beliebte Weihnachtsmarkt mit seiner anziehenden, alle Sinne gefangennehmenden Atmosphäre. Sie rührte von der Gesamtheit der optischen Reize, der sichtbaren und handgreiflichen Dinge ebenso her wie von den tausenderlei Geräuschen und Gerüchen. Während sich die Augen des Besuchers an den dargebotenen Herrlichkeiten weideten, drangen gleichzeitig die Klänge von Drehorgeln, Schnarren, Musikinstrumenten und Wald-

Der Gabenbringer »Sankt Nikolas« bringt im Gepäck seines Esels Spielsachen wie Puppen, Puppenwiege, Windmühle, Steckenpferd, Peitsche und Trompete, er schwingt aber zugleich eine große Rute, angesichts derer die froh herbeieilenden Kinder doch etwas ängstlich innehalten. Die Leser des kleinen Buches haben allerdings nichts zu befürchten, wie der Titel kenntlich macht: »Mutterherz, du goldner Stern! Ein Büchlein für artige Kinder in Silhouetten und Reimen von Karl Fröhlich. Breslau (1863)«.

teufeln an sein Ohr, vernahm er die Warenanpreisungen der Händler und atmete dabei den vielversprechenden Duft von Gebackenem und Gebratenem, von Lebkuchen, Äpfeln und frischem Tannengrün ein. Besonders die Weihnachtsmärkte von Berlin, Leipzig, Frankfurt, Hamburg, Köln und Nürnberg erlangten Berühmtheit, einige erwarben sich im Laufe der Zeit dauerhafte Namen wie der Hamburger »Dom« (da einstmals am Domplatz abgehalten), der Dresdener Striezelmarkt, der Münchner Kripperl- oder der Nürnberger Christkindlesmarkt. Von Berlin berichtet die Chronik, daß sich bereits 1610 ein »Weihnachtsmarket im Mühlendamm etabliret« habe, indes der Aufbau der charakteristischen Verkaufsbudenstadt in Leipzig erstmalig für das Jahr 1785 bezeugt ist.

Der Maler Wilhelm von Kügelgen erzählt in seinen »Jugenderinnerungen eines alten Mannes« von dem in seiner Heimatstadt um 1810 herum erlebten »Weihnachtsmarkt, der in Dresden nach einem eigentümlichen Backwerke der Striezelmarkt genannt wird. Acht Tage vor dem Feste pflegte sich der Dresdener Altmarkt mit einem ganzen Gewimmel höchst interessanter Buden zu bedecken, die abends erleuchtet waren und große Augenlust gewährten. Das Glitzern der mit Rauschgold, mit bunten Papierschnitzeln und goldenen Früchten dekorierten Weihnachtsbäume, die hellerleuchteten kleinen Krippen mit dem Christuskinde, die gespenstischen Knechte Ruprechts, die Schornsteinfeger von gebackenen Pflaumen, die eigentümlich weihnachtlichen Wachsstockpyramiden in allen Größen, endlich das Gewühl der Käufer und höfliche Locken der Verkäufer, das alles regte festlich auf. Hier drängten auch wir uns des Abends gar zu gern umher, schwelgend in dem ahnungsreichen Dufte der Tannen, der Wachsstöcke, Pfefferkuchen und Striezeln, die in einer den Wickelkindern entlehnten Gestalt, reichlich mit Zucker bestreut, vor allen zahlreichen Bäckerbuden auslagen und Löwenappetit erregten. Nach genauester Prüfung alles Vorhandenen kauften wir dann einige kleine grüne oder rote Wachsstockpyramiden auf Kartenblätter gewickelt, das Stück zu einem Pfennig, sogenannte Pfefferkuchenzungen zu demselben Preis, oder ein paar Bogen bunten Papiers, um unsere Privatbescherung damit auszustatten.«

Ein aus der gleichen Zeit stammendes, aber noch mit zwei Rokokovignetten verziertes Liedflugblatt »Der Leipziger Christmarkt« versucht, dem Publikum, sonderlich aber dem kleinen, den Weihnachtsmarkt mit der Aufzählung der angebotenen Kostbarkeiten ins rechte Licht zu setzen. An begehrenswerten Spielsachen finden sich »Puppen aus Paris«, Zinnsoldaten, Spielzeugfiguren wie Jäger, Bauern, Husaren, Hanswürste, »viel fremdes Volk aus Afrika, Mamm'lucken und Pastöre«, ein kleines Kegelspiel, Flöten, Geigen und präparierte Vögel. Für Leckermäuler standen Pasteten, Torten »von jeder Art«, Marzipan, »Confect« und »von Zucker ein gebratner Hahn« bereit. Auf besondere Anteilnahme der kleinen Puppenmütter hinwieder konnte der unbekannte Reimkünstler mit folgender Strophe rechnen:

»Hier eine Küche, wohl versehn
Mit blankem Zinn und Porcellän,
Mit Schüsseln, Tiegeln, Pfannen;
Hier Wassereimer, klein und bunt,
Und neue Fäßchen, weiß und rund,
Ein Kessel, kleine Wannen.«

Aus dem Flugblatt geht aber ebenfalls hervor, daß neben Spielzeug und Näschereien nützlicher Hausrat und selbst Möbel, »Kommoden,

Schränke, Sopha's, Stühl' und Tisch«, feilgeboten wurden. Und nicht mehr überrascht, daß auch bereits der Verkauf von Weihnachtsbäumen stattfand:

»Nun seht die grünen Bäumchen hier,
Geschmückt mit feinem Goldpapier;
Schön sind sie doch, auf Ehre!«

versichert der Knittelversdichter, und er rührt mit seinen unbeholfenen Reimen im Marktschreierton noch einmal mächtig die Werbetrommel:

»Herbey, Ihr Damen und Ihr Herrn,
Hier giebt's Rosinen, Mandelkern,
Nürnberger Pfefferkuchen;
Bisquit und guten Brandtewein,
Und Weihnachtsstollen, groß und klein,
Von besten Sorten Kuchen.

Hier Wälsche Nüsse, groß von Art,
Borsdorfer Aepfel, fein und zart,
Da müßt Ihr ja viel kaufen;
Es freut sich d'rauf des Kindes Sinn
Und bringt damit den Abend hin,
Statt draußen rum zu laufen.«

Der vielgerühmte Berliner Weihnachtsmarkt der Biedermeierzeit ist verschiedentlich anschaulich geschildert worden. Da wäre zum Exempel ein Heinrich Eduard Kochhann, in dessen »Tagebüchern« sich eine auf die 1830er Jahre beziehende Darstellung vorfindet: »Zumeist aber regte der am 11. Dezember in der Breitenstraße und auf dem Schloßplatz erstehende Weihnachtsmarkt die Gemüter an und auf. Ob es regnete oder schneite, ob es fror oder taute, sobald der Abend anbrach, die Lampen in den Buden oder die Lichter in den blankgeputzten Laternen brannten, setzten sich Mann und Weib mit allem, was laufen und jauchzen konnte, in Bewegung, um die Wunder der Kleinindustrie in den hellerleuchteten Buden zu beschauen und sich mit dem drängenden Menschenknäuel langsam vom Köllnischen Rathause bis zum Schloßplatz schieben zu lassen.

Einen hierfür vorgesehenen Bilderbogen mit vier Darstellungen teilten die Buchbinder derart, daß sie zwei Schreibheftumschläge aus ihm machen konnten. Diese illustrierten Umschläge sind die bescheidenen, doch in ihrer farbenreichen Vielfalt durchaus vergleichbaren Geschwister der kostspieligen Bilderbücher. Das abgebildete Schreibheft aus einem Bilderbogen mit den vier Jahreszeiten, gedruckt als Kreidelithographie auf farbig gestrichenem Papier um 1850 vom Verlag Robrahn & Co. in Magdeburg, bringt als Bild das für den »Winter« naheliegende Weihnachtsfest. Auf der ebenso wie »Der Frühling« auf der Rückseite gerahmten Zeichnung sind leicht die Gaben für die fünf Kinder zu unterscheiden: Schaukelpferd und Räderpferd, Puppen, Puppenkutsche, Tschako, Säbel, Trommel, Kinderbuch und Nüsse.

Von der grazilen Schönheit der »Zinn-Compositions-Figuren« des Biedermeier, die bald alle Themen des alltäglichen Lebens darstellten, zeugt auch der Jahrmarkt um 1840, zu dem neben dem Brezel-, Schuh- und Gipsfigurenhändler noch weitere Marktstände gehören sowie ein Kasperletheater, ein ländliches Tanzvergnügen mit Tänzern, Dorfmusik, Gästen, gedeckten Tischen, Wirt, Schankmädchen und einer Hühnerbraterin. Die größeren Figuren und Gruppen darunter sind der Serie eines Viktualien- oder Wochenmarktes entnommen und datieren aus den 1830er Jahren.

Die nach 1860 entstandenen, relativ großen »14 Modelle römischer Soldaten« aus der »Zinnfiguren-Fabrik J. E. du Bois, Hannover« – der Reiter mit der Standarte mißt von der Bodenplatte bis zum Helmschmuck 7,5 cm – waren als Spielzeug und zugleich als Anschauungsmittel für den Geschichtsunterricht gedacht. Ein der Originalverpackung beigelegtes kleines Heft über »Die Ausrüstung und Bewaffnung des Römischen Heeres in der Kaiserzeit« unterstreicht noch den didaktischen Charakter der dekorativen Serie.

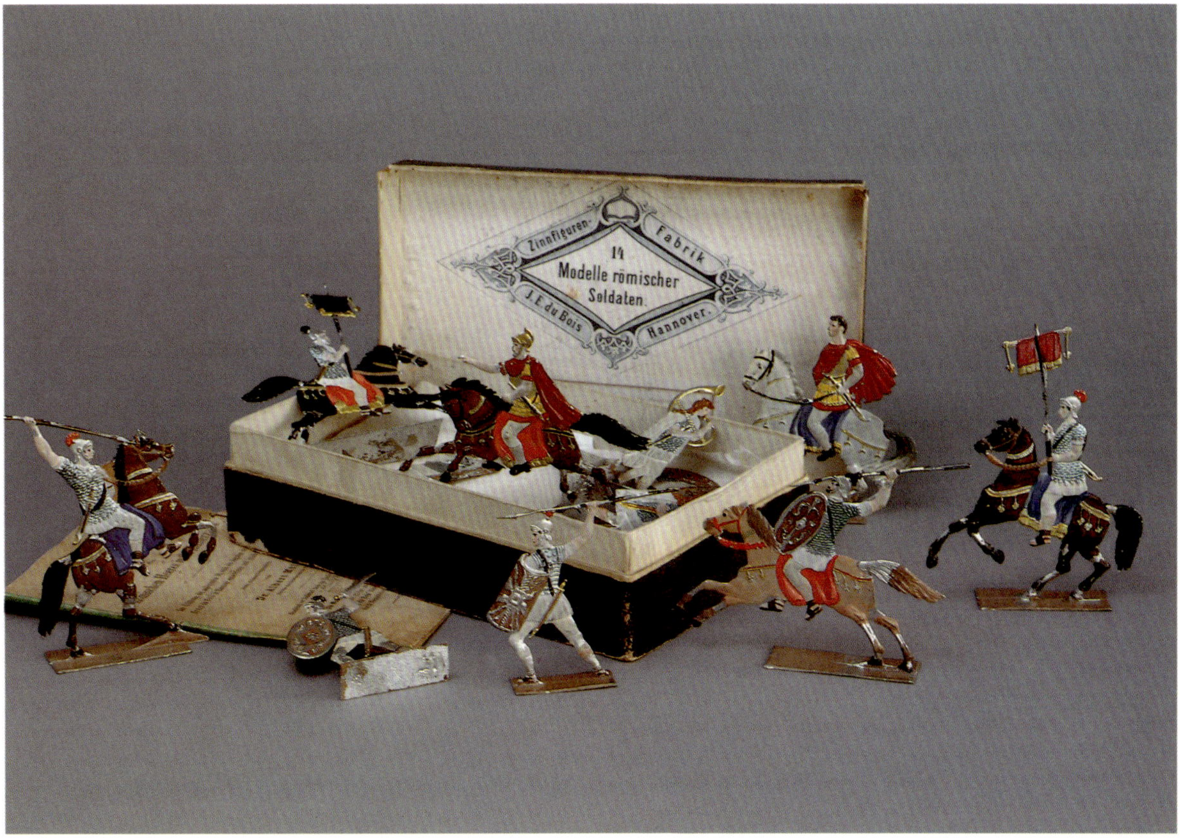

Indes die Eltern auf der mittleren Szene ihren fünf Kindern einen reichen Gabentisch bescheren, zu dessen Seiten die größeren Geschenke, wie Schaukelpferd, Trommel, Puppenwiege und Kinderwagen in Kutschenform, zu sehen sind, türmt sich, einem Spielwarenmagazin vergleichbar, rechts und links in der Randzeichnung fast lückenlos all das auf, was die Kinderherzen vergangener Zeiten erfreute. Da gibt es unter anderem Puppenschränke, Puppenküche und ganze Spanschachteln voller Puppengeschirr, eine große und eine kleine Laterna magica, einen Kinderguckkasten, Kindertheater, Holzsoldaten, Räderpferde und Fuhrwerke, Trommel, Becken, Waldhorn und Schellenbaum, Malkasten, Gewehre, eine Kanone und ein Segelschiff. – Kolorierte Kreidelithographie mit Tonunterdruck aus »Die Kinderjahre in Versen und Bildern nach Zeichnungen von F(riedrich) G(ustav) Normann (1802–1855). Berlin (1848)«.

Aus einer Folge von sechs Bilderbogen, die die zwölf Monate darstellen, stammt auch der sich mit dem Schlachtfest im »November« in ein Blatt teilende »December«, der, fast wie selbstverständlich, dem Weihnachtsfest gewidmet ist. Für die größeren Kinder der neunköpfigen Familie stehen Teller mit Naschwerk bereit. An »nützlichen Geschenken« fallen eine Biedermeierschute und ein Paar gestickte Hosenträger auf, unter den Spielsachen die Jahrmarktsbude eines Kleiderhändlers. – Kolorierte Kreidelithographie. Bilderbogen »No. 290«, in den 1850er Jahren erschienen im Verlag Winckelmann & Söhne in Berlin.

Viel entdecken läßt sich auf der kolorierten Lithographie von 1830, die den Weihnachtsabend einer bürgerlichen Großfamilie wiedergibt. Der Großvater muß die neue Wickelpuppe des Enkelkindes, zu der sicher das Puppenbett gehört, bewundern, die Großmutter indessen beschenkt zwei arme Kinder aus der Nachbarschaft mit Äpfeln, Pfefferkuchen und Kleiderstoff. Auf dem Gabentisch bemerkt man neben anderen Dingen eine Puppenstube, große Lebkuchentafeln, einen Ritterhelm, Trommel, Trompete und einen Nähkasten mit im Deckel eingelegten Spiegel, den das größere Mädchen genauer in Augenschein nimmt. An dem in einen Kübel eingepflanzten Christbaum befinden sich außer Äpfeln, Nüssen und Süßigkeiten auch eine Puppe und ein hölzerner Reiter sowie an der Spitze ein stattlicher Weihnachtsengel mit zwei brennenden Kerzen. Die Stelle des häufig erscheinenden Schaukelpferdes nimmt auf diesem Bild ein großes Räderpferd zum Reiten ein.

»Der Weihnachtsbaum« auf dem Nürnberger Bilderbogen ist ein Gestell mit fünf waagerecht und über Kreuz angebrachten Leistenpaaren, die an ihren Enden die Kerzen tragen und mit Tannengirlanden derart verbunden sind, daß sie den Eindruck eines Baumes bewirkten. Das bescheidene Steckenpferd scheint dem Wunsch des kleinen Jungen entsprochen zu haben. Außer Kleidungsstücken, Süßigkeiten, Puppe, Puppenwiege und anderem Spielzeug liegen auch Bücher auf dem Tisch, von denen der große Sohn bereits eines aufgeschlagen hat. – Kolorierter Kupferstich von Johann Michael Voltz (1784–1858).

Die Randzeichnung dieses reich gestalteten Blattes verweist auf die wissenschaftlichen Interessen der Jugend, auf Zoologie, Botanik, Völkerkunde, Mineralogie, Geographie, Geschichte und Astronomie. Der Schmetterlingskasten mit Käscher erinnert an das bei den Jugendlichen der Biedermeierzeit beliebte Schmetterlingssammeln. Die obere Rahmenleiste jedoch mit ihren leckeren Verheißungen entschädigt bereits für die Mühsal der Gelehrsamkeit, ebenso wie die zwei üppig mit Naschwerk behangenen Christbäume. Und gar der Gabentisch macht allen Schülermißmut vergessen, denn er hält gewiß für jedes der fünf Kinder freudige Überraschungen parat: Puppenküche, Puppenbett und Puppenschrank, Ritterrüstung und Ritterburg, Schellenbaum, Säbel, Schaukelpferd, Tschako und Helm, Tambour und Kanone, Steckengaukler und Harlekin. – Kolorierte Lithographie aus »Die Welt in Bildern. Eine Festgabe für Kinder. 2. Auflage. Stuttgart 1843«.

Zinnbuden, worin alle Regimenter der preußischen Armee samt den Kanonen, Fahnen und Standarten paradierten, Spielwarenschragen, in welchen die Theater den Jungen das höchste Verlangen erweckten und Flinten, Burgen, Trommeln und Trompeten ihnen die Wahl der Wünsche schwierig machten; Puppenbuden, in denen die funkelnagelneuen Wickelpuppen, Damen und Herrchen mit rosigen Wachsgesichtern und natürlichen Haaren, die kleinen zu Hause gebliebenen Lieblinge der Mädchen ganz in den Schatten stellten: dazwischen Buden mit Pfefferkuchenauslagen, so nahe dem Munde der Kleinen, daß ein jedes versucht war hineinzubeißen: was konnte es wohl Schöneres geben!«

Nicht weniger bildhaft vermittelt George Gropius echte Vorweihnachtsstimmung mit Berliner Lokalkolorit in seiner »Chronik der königlichen Haupt- und Residenzstadt Berlin für das Jahr 1837«: »Die diesjährigen Weihnachtstage, wenn man ihren Anfang von dem Beginn des Weihnachtsmarktes, jenen Angelpunkt, um den sich die Lust und Freude der jugendlichen Welt drehte, datieren will, eröffneten mit einem glänzenden Debüt: der Himmel hell und klar, die Temperatur in jenem glücklichen Schwanken, wo sie nicht weiß, ob sie sich über oder unter Null fixieren soll, und der Boden so trocken und rein, als wenn die Natur selbst das saturnalische Festkleid der goldenen Unschuldszeit einmal angelegt hätte. Alles das gab den ersten Tagen des Marktes eine gewisse Weihe, die von allen Besuchern empfunden, von den Verkäufern dankend gepriesen und von unserer lieben Schul- und anderen Jugend auf das tätigste ausgebeutet wurde. In seinem inneren Gehalt zeigte der diesmalige Festmarkt wenig Verschiedenheit gegen die früheren Jahre: dieselben Gegenstände in ihren mannigfaltigen Abstufungen, von dem einfachen Weizengebäck bis zu den köstlichen Erzeugnissen der Pfefferküchlerkunst eines Miethe oder Casimir, des Berliner poète-boulanger (»Dichter-Bäcker«), von den Rosinenmännchen und Nußknackern bis zu den fashionablen Puppendamen mit den reizenden Lockenköpfchen und echt plastischen Profils: von den Sechserfähnchen des hausierenden Gamins (Gassenjungen) bis zur vollständigen Ritterrüstung, von den unharmonischen Knarren und den echt nationalen Waldteufeln zu den vollendetsten Kinder-Instrumenten, unter denen diesmal die göttliche Philharmonika, die so einflußreich auf die Abhärtung der musikalischen Ohren gegen allen Mißklang gewirkt hat, den ersten Rang einnahm – der anderen Herrlichkeiten nicht zu gedenken … Bis jetzt treibt der Weihnachtsmarkt sein Wesen auf dem Schloßplatz und der Breitestraße, und die letztere würde, wenn man ihn mit einem Fluß vergleichen wollte, sein Hauptbett zu nennen sein, in welches sich die mehr oder minder reichen Quellen, von dem Ende des Petriplatzes und dem Anfang der Roß- und Stralauer Straße ergießen, während das Ganze in das Bassin des großen Schloßplatzes ausmündend und dort rechts mit seinen Äpfel- und Nußvorräten zur Kurfürstenbrücke, links mit den Christbäumchen bis an das Ende der Stechbahn hinaufwogt.« Auch Franz Grillparzer pries, als er 1826 in Berlin weilte, in seinem Tagebuch den Weihnachtsmarkt an der Stechbahn und die ersten Tannenbäume, die Unter den Linden, in der Spandauer, Post- und Königstraße im Kerzenschein erstrahlten. Der Dichter schrieb: »Die Weise, wie die Menschen in Berlin das Heilige Fest feiern, hat mir an das Herz gegriffen. Ich bin es zufrieden, in Berlin gewesen zu sein.«

Mit ebensolcher Detailfreude wird im ersten Band von »Herzblättchens Zeitvertreib« von Thekla von Gumpert 1856 beschrieben, womit der Weihnachtsmarkt die Kinder nicht nur in Berlin in helle Begeisterung versetzte: »Auf dem Schloßplatz ist auch Alles verändert, aber da giebt's … eine Stadt, mit vielen Straßen. Die Häuser sind aber nicht gemauert, sondern von Brettern erbaut; es sind Buden. Die vordere Seite ist offen und auf dem Ladentisch stehen die schönsten Sachen, und der ganze innere Raum strahlt förmlich, so prächtig ist Alles, was darin aufgestellt ist. Da stehen in einer Bude, Kopf an Kopf gedrängt, die schönsten Puppen, kleine Kinder in Sommerkleidchen und Strohhüten, andere in warmen Mantillen und Pelzkragen. Balldamen und Kinderfrauen mit dem Wickelkind im Arm; Porzellanpüppchen in der kleinen Badewanne; bunte Hansemänner (Hampelmänner) und Schornsteinfeger mit Leiter und Besen; zierliche Wachspuppen mit schwarzen und blonden Locken. Daneben steht ein Tisch, Kopf an Kopf sind hier die Pelzmertel (ein Begleiter des Nikolaus) und die in zottige Felle gehüllten Ruprechtsknechte aufgestellt. In jener Bude wird große Parade abgehalten, die ganze Infanterie ist aufmarschiert, gegenüber steht die stolze Kavallerie und in der Mitte die Kanonen und Pulverwagen. Dort giebt's Küchengeräth, viele hundert Töpfchen und Schüsselchen, Tassen und Teller, Waschkessel und dazu Plättbretter und Plätteisen. Alles was in eine ordentlich eingerichtete Wirthschaft gehört. Hier ist eine Thierbude, Kühe und Kälber, Schafe und Zie-

»Die Mutter und das Kind« begehen im »Stübchen lieblich und traut« ihre kleine Weihnachtsbescherung, und der Knabe erweist der Mutter lebhaft seine Dankbarkeit für die Geschenke. – Federlithographie aus »Neueste Fabeln und Bilder für die Jugend von Friedrich Hoffman (1796–1874). Stuttgart 1850«.

gen, der große Elephant und das kleine Mäuschen, ein ganzer Hühnerhof mit Federvieh in Unzahl. Dort steht ein Mann vor seiner Bude und bietet seine Waare aus, ›Stück für Stück einen Groschen, einen Groschen Stück für Stück‹, ruft er unaufhörlich den Vorübergehenden zu. Weiterhin spielt ein anderer Mann die Harmonika, um mit der heiteren Musik die Käufer anzulocken. Pfefferkuchen, Bonbons, gebrannte Mandeln, Zuckerplätzchen und anderes Naschwerk ist thurmhoch aufgeschichtet.« Und als sich Berlin in den Gründerjahren anschickte, eine Weltstadt zu werden, erinnert sich der mit seiner »Familie Buchholz« berühmt gewordene Schriftsteller Julius Stinde seiner Kinderzeit in den 1840er Jahren: »Zwischen all dieser neuen Pracht liegt der Weihnachtsmarkt wie ›die gute Alte Zeit‹. So war es damals, als meine Eltern mich das erste Mal mitnahmen, und so ist es geblieben bis auf den heutigen Tag. Wie balsamisch duften die dunklen Tannenbäume, von denen ganze Wälder umherstehen. Wie anheimelnd riecht es nach frischen Pfannkuchen und Schmalzgebackenem! Und die vielen Menschen, groß und klein, ergötzen sich, als hätten sie solche Herrlichkeiten nie zuvor gesehen. Die (Spielzeug-)Spaßvögel sind immer noch rot und gelb und grün gemalt, mit einer Feder auf dem Kopf, und wenn an der Strippe gezogen wird, klappen sie zusammen. Dazu wird gerufen: Vorne nickt er, hinten pickt er, nur einen Groschen, der schöne Spaßvogel. Kaufen Sie, Madameken, es ist der letzte!«

Eine weitere vorweihnachtliche Attraktion stellten die gleichzeitig mit den Weihnachtsmärkten veranstalteten »Weihnachtsausstellungen« dar, bei denen Handwerker und Gewerbetreibende die letzten Neuheiten ihres Handelsangebots präsentierten. So gab es in den 1830er Jahren in Berlin im Diorama der Gebrüder Gropius in der Georgenstraße eine umfangreiche Geschenke- und Backwarenschau, für deren Besichtigung allerdings der stattliche Eintrittspreis von 10 Silbergroschen zu entrichten war. Auch mußten die Berliner 5 Groschen berappen, wenn sie die Novitäten des »Kunst- und Industrie-Kabinetts« in der Unterwasserstraße betrachten wollten. Doch abgesehen von diesen Ausnahmen, zu denen auch der Konditor J. D. Wilm in Hamburg gehörte, der »8 Schilling Entree« für die Besichtigung seiner Kunstarbeit aus Tragant forderte, war der Besuch der Ausstellungen der Konditoren, Spielwarenhändler, Buchbinder, Mechaniker und anderer Handwerker und Handelsleute gewöhnlich gratis. Und sie scheuten anscheinend weder Kosten noch Mühen, die ehrsamen Meister und Kaufleute jeglicher Spezies, um mit den allerneuesten Produkten ihres Fleißes und Genies oder aber mit dekorativen Arrangements der diversen Handelsartikel vor einem verehrlichen Publico zu brillieren! So gab der Mechanikus Lewison im »König von Dänemark« in Hamburg mechanische, physikalische und magnetische Vorstellungen, zeigte der Professor Suhr sein optisches Panorama und der Zuckerbäcker Gericke auf den Bleichen 1826 die in Tragant nachgebildete »Schlacht bei Missolunghi«, der im griechischen Freiheitskampf (1821 bis 1827) zweimal (1823 und 1825/26) von den Türken belagerten griechischen Stadt. Waren doch in diesen Jahren die Ereignisse in Griechenland in aller Munde, was man getrost auch wörtlich nehmen kann, delektierten sich die Hamburger derzeit doch außerdem an weihnachtlichen Missolunghi-Pfeffernüssen. Am 15. Dezember 1835 empfiehlt sich der Altenburger Klempnermeister Johann August Lößnitz »zu bevorstehenden Weihnachten mit einer Auswahl Spielzeug von Blech nebst einem Garten, worin sich ein Springbrun-

Wie kaum ein anderer Künstler ist der aus Danzig stammende Daniel Chodowiecki (1726–1801) zum Sittenschilderer seiner Zeit geworden. Seit 1743 in Berlin ansässig, stellt er neben zahlreichen Illustrationen zur Literatur des 18. Jahrhunderts mit seinen liebenswerten Radierungen immer wieder auch das bürgerliche Leben seiner friderizianischen Umwelt sowie das der eigenen Familie dar. Sein »Häusliches Fest am Weihnachts Abend«, eine Bildbeigabe zu Langs Almanach von 1799, ist bereits Chodowieckis zweite Gestaltung des frohen Ereignisses, denn der Künstler hatte das Thema schon als Titelbild einer Kinderschrift 1776 ins Bild gesetzt, womit er übrigens eine der frühesten Darstellungen des Weihnachtsfestes im familiären Kreis geschaffen hat. Die vermutlich an Berliner Vorbildern orientierte Radierung zeigt auch, daß der Tannenbaum noch keineswegs überall gebräuchlich war, sondern, daß ein Gestell, ein Vorläufer der Berliner Weihnachtspyramide, mit Lichtern und Geschenken die Aufgabe des späteren Christbaums übernommen hat.

nen mit 23 Fontainen befindet, und welcher von heute an, am besten in den Abendstunden von 5 bis 7 Uhr, in Augenschein genommen werden kann«. Weihnachtliche Gaumenfreuden dagegen verspricht den jungen und alten Feinschmeckern der Konditor Friedrich Kuschmann, der sich am 8. Dezember »beehrt, hiermit ergebenst anzuzeigen, daß die Ausstellung seiner diesjährigen Weihnachtsarbeiten begonnen hat« und die Aufzählung seiner appetitlichen Leckereien folgen läßt: »Neben feinen Marzipans, Chocolate und Traganth, Bonbons etc. in geschmackvollen und gefälligen Formen, welche sich zum Ausschmücken der Christbäume, zu Geschenken usw. eignen, auch echten braunen und weißen Nürnberger Leb- und ff. Baseler Zuckerkuchen, sowie alle der Conditorei zugehörigen Artikel ...«

Es war damals allgemein üblich, die in der Vorweihnachtszeit besonders reichhaltig ausgestatteten Warenauslagen als »Weihnachtsausstellungen« zu bezeichnen, die sich freilich in den 1860er Jahren, mit wachsendem Angebot neu hinzugekommener Industriewaren, zu regelrechten »Weihnachtsbasaren« erweiterten. Zu keiner Zeit aber versäumten Handel und Handwerk, in den Zeitungen mit Nachdruck auf sich aufmerksam zu machen. Wenn der Hallenser Kunsthändler Friedrich Christoph Dreyßig in seiner »Weihnachtsanzeige« vom 15. Dezember 1796 bekanntgibt: »Die Ausstellung meines Weihnachtslagers von gemeinnützigen Sachen, Büchern, Schreibmaterialien und Spielsachen für Herren, Damen, Knaben und Mädchen fängt heute an«, so erfahren wir über die Zusammensetzung seines »assortirten Lagers« zunächst jedoch ebensowenig wie bei den 1828 in Leipzig inserierenden Händlern, die nur vermelden, daß sie, wie Carl Schubert, »Nürnberger, Sonnenberger, Braunschweiger, französische und andere Spiel-, Kunst- und kurze Waaren« feilhalten, oder Johann Santifaller aus Gröden »Tyroler Spielsachen« und C. F. Drechsel aus Grünhainichen »Spielwaaren, Kisten und Schachteln«. Ausführlicheres überliefert uns da schon vom Altenburger Weihnachtsmarkt 1835 eine gewisse Auguste Kuschmann, »wohnhaft in der Teichgasse beim Seilermeister Wagner; den Stand die Markttage über unter den Lauben«: »Einem verehrten Publicum empfehle ich mich für bevorstehende Weihnachten mit einer Auswahl von Puppen, in Seide gekleidet mit Haartouren (Frisuren) und Glasaugen, so wie mit Ausputz für Puppen, Puppenschuhen in diversen Gattungen, sowohl in Dutzenden, als im Einzelnen, Köpfen und

Das für den Monat Dezember bestimmte Kalenderbild von 1842 ist ein Holzschnitt nach einer Zeichnung von Moritz von Schwind (1804–1871).

Leibern. Ferner diverse Schafe von Holz, ganz massiv gearbeitet, mit russischen und isländischen Lämmerfellchen überzogen ...«

Am gleichen Ort und im gleichen Jahr bringt sich auch die Schnuphase'sche Buchhandlung unter der Überschrift »Weihnachtsgeschenke« mit »einer großen Auswahl von Kinder- und Jugendschriften, Zeichnenbüchern, Vorschriften und Spielen für die Jugend« in Erinnerung, mit ganz anderen Attraktionen hingegen aber wartete bereits im »December 1818« die Firma »Ludwig Grahl, sonst Charlotte Hempel« auf! »Mein Kunst- und Spielwaarenlager ist wieder mit neu angekommenen Sachen versehen worden, worunter ich folgende bemerke: Electrisirmaschinen, das Zaubergrab, eine artige Geistererscheinung mit schwebender Figur, der magnetische Kartenmacher, die Zauberwindmühle, der Feuerbrunnen, sehr schön gemahlte Theater, desgleichen Tableaux-Theater, eine neue Art, Ombres Chinoises (›Chinesische Schatten‹, Schattentheater), magische Laternen, deßgl. Würfelspiele, der magische Vogelkäfig nebst noch verschiedenen optischen und magischen Sachen. Auch erhielt ich eine große Partie artiger neuer Gesellschaftsspiele ...« Einen Monat eher schon bietet Herr Grahl eine »Partie sehr schöner Puppenbälge mit Köpfen und Händen« an, die er »ungeachtet ihrer Schönheit zu sehr billigen Preisen verkaufen kann«.

Es werden aber auch die Wünsche und Bedürfnisse der Erwachsenen keinesfalls vernachlässigt, wie man einer Leipziger Anzeige von 1853 entnehmen kann, die unmittelbar neben den Ankündigungen der »Spielwaaren=Ausstellung C. G. Richter« und der »großen Puppen-Ausstellung von W. Ratzkofsky« abgedruckt ist: »Weihnachts=Ausstellung des Waaren=Lagers von Gebr. Tecklenburg in ihrem Gewölbe am Markt neben dem Thomasgäßchen. Unser Lager von englischen, französischen und deutschen Quincaillerien (Kurzwaren) und kurzen Waaren nebst vielen Artikeln des Luxus und der Mode ist jetzt durch die letzten directen Zusendungen aufs Vollständigste assortirt und bietet an nützlichen, neuen und interessanten Gegenständen, die sich zu angenehmen Weihnachtsgeschenken eignen (worunter auch Vieles für die Jugend), eine schöne und große Auswahl dar.« Ebenfalls an einen großjährigen Käuferkreis richtet sich die folgende Annonce: »Zu Weihnachten empfiehlt Eau de Cologne ff. & double, Extraits (Extrakte) in div. Gerüchen, parf. Seifen aller Art, Räucherbalsams, Räucherpulver und Kerzen, Pomaden und Haaröle, bunte Streusande, bunte Tinten etc. etc. Eduard Oeser, kleine Fleischergasse Nr. 6 im Krebs.«

Über die Weihnachtsausstellungen in seiner Heimatstadt Quedlinburg, wie er sie selbst als Knabe um 1840 erlebt hat, hinterließ der 1832 geborene Robert Bosse eine lebendige Schilderung. Sie enthält zudem freimütige Betrachtungen über die in Bosses Familie übliche, großzügigere Handhabung des Geschenkeeinkaufs, ohne daß durch diese die Freude an der Bescherung selbst beeinträchtigt worden wäre. Verloren dabei auch die traditionellen Gabenbringer ihren Nimbus, so konnte doch in einer Art von »bewußter Naivität« nicht gänzlich auf den mit Geheimnis und Überraschung verbundenen Kinderglauben verzichtet werden. »Die Weihnachtsausstellungen«, berichtet Bosse, »waren nichts weiter als die Verkaufsstätten der Spielwarenhändler und Zuckerbäcker. Sie hatten dann neben ihrem Verkaufsladen die ›gute Stube‹ ausgeräumt und mit alten und neuen Herrlichkeiten ausgestattet, die das Entzücken der Kinder erregten. Wir Jungen waren regelmäßig schon vorher wiederholt dort gewesen, um die Ziele unsrer Sehnsucht festzustellen. Wenn dann die Mutter mit uns in die Ausstellungen ging, orientierten wir sie mit verschämter Sicherheit, wo das schönste Puppentheater, der begehrenswerteste Frachtwagen oder Pferdestall und das schönste Zuckerwerk für den

Auf dem eher bescheidenen Gabentisch ist unter dem reich mit Weihnachtsgebäck behangenen Lichterbaum die Weihnachtskrippe mit der Christgeburt aufgestellt (s.a. Text zu dem Bild S. 68). Erstmals ist auch der strafende Nikolaus ins Bild gesetzt, denn das Christkind »bringt Gaben nur für gute/Und brave Kinder; mit der Ruthe/Straft aber Niklas all'die bösen,/Die unfolgsam und faul gewesen.« – Kolorierte Kreidelithographie mit Tonunterdruck aus »Die zwölf Monate des Jahres. Ein Jugendkalender in Wort und Bild von Leonhard Diefenbach, Maler und Zeichenlehrer (1814–1875). Stuttgart (1862)«.

»Die Jahreszeiten« heißt das »Bilderbuch zur belehrenden Unterhaltung für die Jugend«, das 1836 in Eßlingen erschienen ist. Die Krönung der zwanzig großen Bildtafeln – kolorierte Lithographien von D. Englert – stellt natürlich das abgebildete Blatt XX dar. »Nun, meine lieben jungen Freunde und Freundinnen! wie gefällt euch dieses letzte Blatt: Ist es euch nicht unter allen noch das Liebste und Erfreulichste? Rechnen ja doch die Kinder, gewöhnlich schon viele Wochen vorher, wie lange es noch sey bis zum Christtag und wie oft sie noch schlafen und wieder aufstehen müssen, bis das liebe Christkind mit seinen Schätzen sie wieder beglücke…« Über dem Kopf des Knaben auf dem Schaukelpferd sind der Turm eines Kugel-Glücksspiels, genannt »Kakelorum«, sowie ein Guckkasten zu sehen.

Mit Harfe und Violine erfreuen zwei Musikanten eine Weihnachtsgesellschaft, die das Fest unter einer an allen Seiten mit Tannengrün bedeckten Weihnachtspyramide begeht. – Kolorierter Kupferstich aus einem unbekannten Kinderbuch, um 1810.

»Da öffnet sich nun die Zimmerthüre, und ein Himmelsglanz empfängt die Kinderchen. – ›Ah! Ah! Ah!‹ – so rufen sie einmal über das andermal, betrachten bald den von Lichtern und Zuckerwaaren prächtig glänzenden Christbaum, unter welchem auf grünem Moose die kleine Krippe mit dem Jesuskinde und kleine Schäfchen mit dem Hirten zu sehen sind, bald bewundern sie das schön aufgezäumte Schaukelpferd, den schönen Pferdestall, wo der Haberschrank – statt mit Haber – mit Rosinen und Weinbeeren angefüllt ist, dann die wohleingerichtete Küche, die schön gekleideten Puppen und die in Parade aufmarschierenden zinnernen Soldaten. An dieser seligen Kinderfreude haben auch die Aeltern ihre Herzensfreude, … da auch sie sich noch gerne an dieses wonnereiche Kinderfest aus ihrer Jugend erinnern. Auch in der Stadt ging dieser heilige Abend nicht unbeachtet vorüber, denn vom Thurme herab blies der Thürmer den uralten schönen Kirchengesang: ›Vom Himmel hoch, da komm ich her …‹«. Der Text, doch nicht der Stimmungsgehalt, weicht etwas ab von der kolorierten Steinzeichnung im Tafelteil des »Orbis Pictus. Ein Lern- und Unterhaltungsbuch für die wißbegierige Jugend von Heinrich Grünewald. Düsseldorf 1841«: Die Krippe fehlt, das Steckenpferd ersetzt das Schaukelpferd und der Puppenkochherd die »wohleingerichtete Küche«. Die im Textteil paradierenden Zinnsoldaten hinwieder werden auf dem Bild zunächst einmal von einem Knaben auf einem Tablett zum Spiel hinweggetragen.

Auch bei der »Bescheerung in der Storchstraße« handelt es sich wieder einmal um einen Akt der Nächstenliebe, denn die drei Kinder des begüterten Herrn Herzlieb haben den Gabentisch und den »mit allerlei Naschwerk und Spielzeug verzierten« Weihnachtsbaum einer armen Witwe und ihren Kindern bereitet. – Kreidelithographie mit farbigem Steindruck aus »Die Storchstraße. Hundert Bilder aus der Kinderwelt in Erzählungen und Liedern von Lina Morgenstern (1830–1909). Mit 8 bunten Illustrationen von Louise Thalheim (1817–1896?). Breslau 1861«.

Die Puppenstube mit den spätbiedermeierlichen Möbeln aus der 1845 gegründeten Firma Schneegaß in Waltershausen/Thüringen hat sich in eine Weihnachtsstube verwandelt, in der sich der kleine Sohn der Familie in diesem Augenblick ungestört seinen Geschenken zu widmen scheint. Der Vater, der sich kurz zuvor im Zimmer aufgehalten hat, ist der Mutter wohl in die Küche gefolgt und hat seine lange Tabakspfeife, an einen Stuhl gelehnt, zurückgelassen.

Unter den von den erzgebirgischen Spielzeugherstellern angefertigten beweglichen Klingkästchen, die nachmals vor allem als doppelstöckiges Karussell oder als Taubenschlag bekannt geworden sind, dürfte das abgebildete überdachte Ringelspiel, das in dieser Form bereits in einem Bilderbuch »Der Jahrmarkt« von 1843 zu sehen ist, eines der frühesten, vielleicht noch im zweiten Drittel des 19. Jahrhunderts anzusetzenden Modelle sein. Die Bezeichnung »Ringelspiel« übrigens geht auf das ritterliche Ringstechen im Mittelalter zurück.

Stolz präsentiert sich der Enkel mit Schellenbaum und Trommel der lieben Großmama. Der vor ihm neben Spielzeugtieren und Zinnsoldaten auf dem Boden sitzende kleine Bruder und die Schwester am Gabentisch beschäftigen sich mit ihren neuen Puppen, während das Jüngste der Familie auf dem Arm des Vaters jubelnd den Christbaum begrüßt. Auch dieser Baum ist mit einem bekrönenden Engel aus Flittergold geschmückt. Das Miniaturbildchen, das sich mit 17 anderen Darstellungen auf einem Blatt befindet, mißt im Original nur 7×6,7 cm! – Kolorierte Lithographie (Ausschnitt) aus »Neuester Orbis Pictus oder Schauplatz der Natur und Kunst. Ein Universal-Bilderlexicon. Herausgegeben von Dr. ph. H(uldreich) Becher (1795–1849) und J. C. Schneemann. Meißen und Wien (1843)«.

Weihnachtsbaum zu finden sei. Im Grunde war es ein konventionelles Versteckenspiel. Wenn die Mutter einen unsrer besondern Weihnachtswünsche zu befriedigen trachtete, wurde der Kauf trotz unsrer Gegenwart zwar abgeschlossen, aber unter allerlei Vorsichtsmaßregeln und Fiktionen, die darauf abzielten, daß wir nichts merken sollten. Wir schienen auch nie etwas zu merken. Mit überzeugender Naivität hörten wir, anscheinend ahnungslos, zu, wie dieses oder jenes Stück für einen auswärtigen Vetter oder Bekannten erstanden wurde. In Wirklichkeit wußten wir ziemlich genau, was die Glocke geschlagen hatte. O kindliche, kindische Torheit! Wie naiv waren wir alle, Große und Kleine, Alte und Junge! Gewisse naive Selbsttäuschungen und Torheiten gehn durch das ganze ernste Menschenleben. Das ist auch nicht gar so schlimm, wie mancher Mann meint. In diesem Weihnachtstreiben mit seinen vorausgeplanten Überraschungen liegt ein poetischer Zug deutscher Märchenlust und traulichen Familiensinns. Der ernsten und tiefen religiösen Bedeutung dieses Festes wird dadurch schwerlich Eintrag getan.«

Verrinnt die Vorweihnachtszeit einerseits im Zeichen emsiger Betriebsamkeit, so gibt sie andererseits auch Anlaß zu Besinnung und Einkehr. Der ganze Zauber der Kindheit ersteht vor den Augen des Schriftstellers Bruno H. Bürgel, als er die stimmungsvollen vorweihnachtlichen Straßen und Gassen einer kleinen Stadt durchstreift, in der er in seiner Jugend glückliche Tage verlebt hatte. In dem betreffenden autobiographischen Abschnitt seines Buches »Die kleinen Freuden« stellt er Betrachtungen über die Vergänglichkeit in einer schnellebigen Zeit an, wie sie der 1875 geborene Autor schon um das Jahr 1930 empfunden haben muß. Vor allem aber vermittelt er das idyllische Bild kleinstädtischer Lebensweise, wie sie mitsamt ihren Requisiten nun auch schon einer längst und unwiederbringlich vergangenen Zeit angehört. »Am schönsten freilich ist es in Krauschen um die Weihnachtszeit herum,« erzählt Bürgel, »jedenfalls habe ich da die verträumte Heimeligkeit immer am stärksten empfunden. Ein schwerer Klotz aus roten Backsteinen, von Puderschnee weiß überstäubt, ragt dann der alte Dom in das dunkle Blaugrau des frühen Winterabends. Die kleinen schnurrigen Häuschen dieses alten Provinzstädtchens, dessen holpriges Pflaster der Schnee wohltuend überdeckt, ducken sich um den Kirchenbau zusammen wie Küchlein um die Henne. In den kleinen Kaufläden wird Licht, ein bescheidenes, rötliches Licht, das gelbe

Der Zeichner und Verfasser des originellen Schiefertafel-Bilderbuchs war der Erfurter Zeichenlehrer Heinrich Kruspe (1821–1893).

Kometenschweife in den Schnee der Gasse zeichnet, der nun in einem merkwürdigen tiefen Blau schimmert. Ein paar Ackerwagen rasseln vorüber. Die Laterne des Fuhrmanns, die am breiten Ledergurt des wohlgenährten Braunen hängt, duftet nach Petroleum, irgendwo belfert die uralte Ladenglocke eines kleinen Krämers, und das alles zusammen versetzt mich um ein halbes Jahrhundert zurück in meine Kindheit … Wie ein kleiner Mond leuchtet die erhellte Uhr des Rathauses über den Marktplatz. Leise rieselt ein wenig feiner Glitzerschnee hernieder, und aus der Höhe des ungefügen Domturmes, der sich nun droben wesenlos in der Finsternis verliert, hört man dann und wann Dohlen krächzen, die in dem alten Gemäuer hausen. Ringsum stehen Tannenbäume zum Verkauf. Man hört zuweilen ein paar Orgeltöne – Brocken eines Weihnachtsliedes –; ich glaube, es ist der Kantor, der da übt. Ja, man muß in die Kleinstadt gehen, wenn man noch etwas von jenem mystischen Zauber spüren will, von jener kindhaften Glückseligkeit und gnadenreichen Erwartung, die wie Kerzenglanz und Flittergold, wie Orgelton und frommer Kindersang zum Fest der Feste gehören! – … Ich stapfe durch den Schnee, von Schaufenster zu Schaufenster! … Hier ist noch fast all die naive, einfache, kindliche Weihnachtsherrlichkeit, die uns vor fünfzig Jahren in ihren Bann zog, die Herzen schneller schlagen ließ. Was für winzige ›Schaufenster‹, was für eine köstliche naive ›Reklamebeleuchtung‹, und dort, wo die ›Menge‹ sich staut, die Sensation, wie es scheint: drei grüne und drei rote Glühlampen an den Flügeln einer sich lustig drehenden Windmühle, die auf einem Berg von Rosinen steht! – Nein, doch nicht die Sensation des Städtchens! Dort, wo die Gasse schon verstopft ist von staunenden Frauen und Kindern, ein winziger Mohr, der mit einem Stöckchen an die Scheibe klopft, drollig mit den Augen plinkert und die Lippen zu unhörbaren Worten formt. Und ringsum winzige Schäfereien und Hühnerhöfe, billige hölzerne Baukästen, Puppen von bezaubernder Unmodernität, die noch Zöpfe haben und Spitzenhöschen tragen … o himmlische Güte! Da gibt es noch Spieldosen mit einer unendlich zarten Musik, da gibt es noch Riesenbogen mit Abziehbildern und bunten ›Oblaten‹. Und da … ja, steht die Welt denn wirklich still in der kleinen Stadt? … Da liegt mein Federkasten, mit dem ich selbst vor fast einem halben Jahrhundert an einem Weihnachtsabend beschenkt wurde und mit dem ich lange zur Schule ging. – Wie liebte ich diesen schwarz lackierten Kasten aus Pappmaché, auf dessen glänzendem Deckel goldene und silberne chinesische Tempelchen standen und auf dem winzige bunte Chinesen mit hohen Sandalen und langen Zöpfen eilig mit Teegeschirren einhertrippelten. Lange habe ich vor dem Schaufenster des bescheidenen Kleinstadt-Basars gestanden, versunken in Erinnerungen an eine ferne, enge, ärmliche und doch so glückhafte Zeit, und dann bin ich hineingegangen und habe den Federkasten und ein paar von den ›Tafelsteinen‹ erstanden, jenen Schieferstiften, mit denen wir damals auf Schiefertafeln in der Schule unsere ersten schriftstellerischen Übungen machten.«

Doch endlich ist es soweit. Die Verkaufsbuden der Weihnachtsmärkte sind schon seit einigen Tagen abgebaut und auch die Kaufmannsgewölbe und -läden haben geschlossen. Die Organisten in Krauschen und anderswo rüsten sich zum Weihnachtsgottesdienst, der gewöhnlich vor dem großen häuslichen Ereignis abgehalten wird und dem die vor Erwartung fiebernden Kinder kaum noch mit der gebührenden Andacht folgen können. Der Kirchgang mit seiner zeitlichen Verzögerung erhöht vielmehr die Spannung und Ungeduld des jungen Volks. Im 19. Jahrhundert fand die Bescherung gemeinhin am Heiligabend statt, doch war es auch in einigen Gegenden üblich, erst am Weihnachtstag die Lichter anzuzünden. Dies veranlaßte die preußischen Unterrichtsbehörden 1843 sogar zu einer Empfehlung, nach der, wie der Berliner Schriftsteller Georg Bamberger mitteilt, man es so einrichten sollte, »die lieben Kleinen nicht die ganze heilige Nacht hindurch in Aufregung zappeln zu lassen, sondern ihnen das Zugedachte bereits am heiligen Abend zu bescheren, damit sie ausschlafen und mit ausgeruhtem Magen an die schweren süßen Genüsse des Weihnachtstages herantreten können«.

Auch der kleine Robert Bosse, dessen Vater in Quedlinburg seit 1819 eine Branntweinbrennerei betrieb, mußte sich mit seinen drei Geschwistern bis zum ersten Feiertag gedulden. In seinem Buch »Aus der Jugendzeit« beschreibt er die morgendliche Bescherung in seinem Elternhaus: »In Quedlinburg wurde damals überwiegend nicht am heiligen Abend vor Weihnachten, sondern in der Morgenfrühe des ersten Weihnachtsfesttages beschert, wie man in Berlin sagt, aufgebaut. Auch bei uns. Nur die ›ganz vornehmen‹ Familien bescherten schon damals am heiligen Abend. Das waren aber vereinzelte Ausnahmen. Ein Gottesdienst, eine Christvesper, wie sie jetzt in den evangelischen Kirchen allgemein üblich ist, wurde

Eine Weihnachtsbescherung, wie sie der Kinderbuchzeichner Oscar Pletsch (1830–1888) aus dem Erlebnis seiner Zeit heraus darstellt.

damals am Weihnachtsheiligabend noch in keiner der sieben Kirchen unsrer Stadt gehalten ... Wir mußten am Christabend, wenn wir nach Hause kamen, früh ins Bett. Denn am ersten Feiertag galt es früh aufzustehen. Schon vor sechs Uhr wurden wir wach und standen erwartungsvoll auf, um in der Wohnstube der Dinge zu harren, die da kommen sollten. Endlich ertönte aus der guten Stube das heißersehnte Klingeln; der Vater öffnete die Tür, und nun leuchtete uns der große, mit allerlei Zuckerwerk geschmückte Christbaum hell entgegen, eine Harzfichte, deren Duft bis nach Neujahr das ganze Haus erfüllte. Zum Schmuck des Weihnachtsbaums gehörte eine Reihe von Jahr zu Jahr aufbewahrter Inventarienstücke, die jedesmal von neuem Gegenstand unsers bewundernden Ent-

Die kleine Dame in der Mitte hält ein besonders kostbares Geschenk in die Höhe: Ein Kästchen mit Spielwerk und zwei zierlichen Püppchen, die beim Drehen der Kurbel zur Spieluhrmusik tanzen. – Aus »A-B-C für artige Kinder in Silhouetten und Reimen von Karl Fröhlich. Cassel (1854)«.

zückens waren: ein kleines Schilderhaus, eine Marzipantrommel, einige große Zuckerfiguren und ähnliches. Unter dem Baum lagen auf weißgedeckten Tischen unsre Geschenke. Sie waren nach heutigen Begriffen bescheiden; wir aber fanden sie jedesmal überreichlich und unsre Erwartungen übertreffend. Da waren die längst ersehnten neuen Kleidungsstücke, oder wie wir sagten, ›neues Zeug‹, ein mit rotem Zuckerguß glasierter großer Honigkuchen mit unserm Vornamen in erhabner weißer Zuckerschrift, ein gutes Buch, Schreibmaterial und sonst allerlei Nützliches und Notwendiges, auch – in äußerst mäßigen Grenzen – ein wenig Spielzeug, eine Arche Noahs oder ein Pferdestall, ein Frachtwagen, mit dem wir Kundmann spielten, oder ein Baukasten, ein Schachbrett oder ein Gesellschaftsspiel (Post- und Reisespiel, Lotto oder Hammer und Glocke, auch Schimmelspiel genannt), und einmal sogar – es dünkte uns kaum möglich – ein Puppentheater mit wirklichen Kulissen und mit zierlichen Figuren, die man an einem Draht agieren ließ.« Wie man sieht, konnte auch in diesem bürgerlichen Hause keineswegs von einer verschwenderischen Bescherung die Rede sein, »doch darf ich«, schreibt Bosse, »gleichwohl bezeugen, daß wir bei unsrer Weihnachtsbescherung sehr glücklich waren. Die Liebe der Eltern leuchtete uns dabei hell ins Herz hinein, und unsre Kinderherzen waren für diese Liebe voll tiefen Danks.« Nunmehr schritt man in der Familie des Branntweinbrenners, entgegen der andernorts gebräuchlichen Gepflogenheit, nach Empfang der nützlichen und erfreulichen Gaben zum Besuch des Festgottesdienstes. »Während der Weihnachtsbescherung«, lesen wir hierzu bei Bosse, »wurde es draußen allmählich Tag. Durch die Fenster sahen wir in den Nachbarhäusern die Christbäume glänzen, und in hoher Feststimmung begrüßten wir das helle Tageslicht, vor dem die Kerzen am Christbaume erloschen ... Dann aber wurde es Zeit, die neuen ›Weihnachtssachen‹, Rock, Weste, Hose oder Stiefel anzuziehn. Denn fünf Minuten vor neun Uhr ging es unweigerlich zur Kirche. Schon während der Bescherung hatte mein Vater, mochte es noch so kalt sein, ein Fenster geöffnet, damit wir hören konnten, wie schön und feierlich der von der Stadtmusik vom Turme der Marktkirche geblasene Choral ›Lobt Gott, ihr Christen, alle gleich‹ durch den stillen Festmorgen schallte.«

Wenden wir den Blick noch einmal um einige Jahrzehnte zurück ins 18. Jahrhundert, für das ein hinlängliches Quantum an Zeugnissen allein aus einer Familie nachweisbar ist. Und bei wem wohl fände man für diese Zeugenschaft mehr biographische Marginalien als bei Goethe und den Seinen. Auch zu seiner Zeit trieb man in puncto Weihnachtsgaben in der Regel noch keinen übertriebenen Luxus. In manchen Haushalten gab es lediglich Naschwerk und die unumgänglichen »nützlichen Sachen«, etwas Spielzeug als Beigabe bildete meist schon eine Ausnahme. Ob sich jedoch 1767 die Kinder bei der Weihnachtsfeier im Hause des Kupferstechers Stock in Leipzig, der Goethe beiwohnte, wirklich nur mit einem »Päckchen braunen Pfefferkuchen, welches der Herr Pate aus Nürnberg geschickt«, begnügen mußten, sei dahingestellt. Was die »nützlichen Sachen« betrifft, so scheint Goethe höchstselbst zum Christfest 1772 mit seinem Geschenk für Herders Kinder doch wohl mehr den Beifall der Mutter als den der eigentlichen Adressaten gefunden zu haben, denn die versiegelte Rolle »enthält Tamis (dünnes leinwandartiges Kammwollgewebe) für meine zween kleinen Buben zu Wams und Pumphose«, wie Goethe brieflich ankündigt, »laßt's ihnen den Abend vor Christtag bescheren, wie sich's gehört«, heißt es da weiter, »stellt ihnen ein Wachsstöckgen dazu und küsset sie von mir.«

Als Goethe dann in Weimar selbst Familie hat, wird er stets aus Frankfurt von der fürsorglichen Frau Aja, seiner Mutter, mit Weihnachtsgeschenken bedacht. Nie fehlten in den Paketen »Frankfurter Prenten« und Konfekt, vor allem aber wurde der Enkelsohn beschenkt, und so kamen denn »vor den kleinen August« einmal »Infanteri« und »Cavaleri«, ein andermal eine »Arche Noä«. Ganz bitterböse aber reagierte die Madame Goethe geb. Textor, als ihr Sohn zum Christfest 1793 für den kleinen August eine Spielzeugguillotine bestellte, mit der man einer Puppe den Kopf abschlagen konnte. »Lieber Sohn! Alles was ich dir zu gefallen thun kan, geschieht gern und macht mir Freude«, antwortet sie ihm, »aber eine solche infame Mordmaschine zu kaufen – das thue ich um kein preiß – wäre ich Obrigkeit die Verfertiger hätten an Halseisen gemußt – und die Maschine hätte ich durch den Schinder offendtlich verbrennen lassen – was! die Jugendt mit so etwas abscheuliches spielen zu lassen – ihnen Mord und Blutvergießen als einen Zeitvertreib in die Hände geben – nein da wird nichts daraus!«

Zum Weihnachtsfest 1829 aber, als Goethe selbst längst Großvater war, hielt auch der technische Fortschritt jener Zeit Einzug in die Weihnachtsstube des Hauses am Frauenplan: Goethes Enkel erhielten von Freunden aus England eine Spielzeugeisenbahn! Lokomotive, Tender und postkutschenähnlicher Personenwagen bestanden aus bunter Pappe und rollten auf kleinen Speichenrädern aus Zinn. Dies geschah, wohlgemerkt, sechs Jahre bevor die erste »echte« deutsche Eisenbahn zwischen Nürnberg und Fürth verkehrte! Begreiflich, daß dieses aufregende Geschenk die Kinder erfreute, und Goethe notiert: »Sie kamen, um zu danken, sehr fröhlich.«

Anschaulich schildert Franz Pfalz, ein pensionierter Schulmann, in seinen Lebenserinnerungen von 1901 eine Weihnachtsbescherung im Jahre 1840, die er, Kind eines Chausseegeldeinnehmers, mit noch drei Geschwistern im elterlichen Hause in Borsdorf bei Leipzig in der »warmen, strahlenden Wohnstube unter dem Christbaum« erlebte. Bemerkenswert ist das nahezu übereinstimmende menschlich-familiäre Klima und Milieu in

Die Aufgabe des optischen Spielzeugs bestand darin, das zweidimensionale Bild aus seiner Statik zu befreien, es entweder räumlich zu vertiefen oder beweglich zu machen. Das alte, um 1800 entstandene Glasziehbild verändert die Physiognomie des Türkenkopfes, und der beliebte Guckkasten, dessen große Ausführung auf den Jahrmärkten bald auch verkleinert als Kinder- oder Tischguckkasten in die Hände der Jugend gelangte, versuchte mit Linse, Spiegel und vorgezogenen Kulissen bei den eingelegten Landschaftsveduten eine räumliche Illusion zu erzeugen. Das harmonikaartig ausziehbare Teleorama der 1830er Jahre hingegen rief mit seinen hintereinander angeordneten Torbögen und Figurengruppen, seinen tatsächlich räumliche Tiefe herstellenden Teilen ohne weiteres den Eindruck eines sich perspektivisch verjüngenden Innenraumes hervor.

Die Laterna magica, deren bunte Glasbilder man vergrößert auf ein aufgespanntes weißes Tischtuch projizierte, stellt bereits einen legitimen Urahnen des modernen Kinos dar. Als Lichtquelle diente eine im Gehäuse aufgestellte kleine Petroleumlampe. Das abgebildete Exemplar aus dem letzten Viertel des 19. Jahrhunderts ist ein Produkt der Nürnberger Firma E. Planck.

Die fünf Glasbildstreifen weisen auf die unterschiedlichen Größen der dazugehörigen »magischen Laternen« hin, aber auch auf die Vielfalt der Sujets, die bald alles umfaßte, was Kinder anzog. So gab es Bildfolgen zu Märchen und Sagen, zu Robinson und Gulliver, lustige Figuren oder Bildergeschichten, exotische und heimische Tiere, Genreszenen aus Stadt und Land, Kinderspiele, Ansichten aus fernen Ländern, Schiffs- und Eisenbahndarstellungen und vieles andere mehr. Ein weiterer Schritt zur Kinematographie hin bestand in der Verwendung von Fotografien für die Glasbilder, so zum Beispiel in Serien von Zeppelin-Luftschiffen und frühen Aeroplanen, sprich Flugzeugen.

Einer der ältesten Versuche, das Bild zu verändern und zu bewegen, beruhte darauf, zwei übereinanderliegende bemalte Glasscheiben zu verschieben. Der Türke auf dem Glasziehbild, das wie alle anderen seiner Art bei Vorführung gegen das Licht gehalten werden mußte, ist eine noch Anfang des 19. Jahrhunderts lebendige Reminiszenz an die Türkenkriege.

Das gleiche Prinzip der Verschiebung zweier Glasscheiben hat auch die Laterna magica übernommen, wie die beiden Beispiele des Bewegungseffekts vermittels zweier Bildphasen bei einem Akrobaten und einem Herrn mit Zylinder zeigen.

Besonders beeindrucken ließen sich die Kinder auch von den sogenannten Chromatropen der Laterna magica. Hier erzeugten die übereinander gedrehten Glasscheiben mit ihren kreisförmigen Ornamenten eine kaleidoskopartige Wirkung.

Neben einem Bilderlotto, einem »Glocke und Hammer«-Spiel und einem Bilderdomino in der Mitte, einem darunter befindlichen Spiel »Die beschäftigte Jugend«, auf dessen Karten Kinder in allerlei Berufen dargestellt sind, und einem um 1820 in Leipzig gedruckten Miniatur-Kartenspiel für Kinder rechts darüber, fällt vor allem das aufgeklappte große Würfelspiel ins Auge, »Das Turnier- oder Ritter-Spiel« aus dem Wiener Verlag von »Ant. Paternos Wwe.«, das von den Vorbesitzern um 1830/40 in der Prager Buchhandlung von Silber & Schenk gekauft worden ist, wie das grüne Schildchen in der linken unteren Ecke ausweist.

Es ist erstaunlich, was es einmal an Unterhaltungsspielen für die Jugend gegeben hat, und man geht nicht fehl, daraus auf eine allgemein verbreitete Spielfreude namentlich im geselligen Biedermeier zu schließen. Zu den Spielen zählten unter anderen Puzzles und Bilderlottos. Das wohl bekannteste und in zahlreichen Varianten auf den Markt gebrachte Spiel war jedoch das »Glocke und Hammer«-Spiel, das links unten in zwei verschiedenen Ausführungen zu sehen ist.

Das auf Seite 81 schon näher beschriebene, ausziehbare Teleorama erlebte in England einen großen Erfolg, als es sich einen Teilabschnitt des 1843 nach 18jähriger Bauzeit vollendeten Themsetunnels in London zum Vorbild nahm. Die englische Version, die mit dem abgebildeten deutschen, mindestens ein Jahrzehnt älteren Teleorama vergleichbar ist, wurde seinerzeit an Ort und Stelle als Souvenir verkauft.

den in vergleichbaren wirtschaftlichen Verhältnissen lebenden Familien Pfalz und Bosse, interessant auch die Aufteilung des Spielzeugs unter den Geschwistern Pfalz: »Die Christbescherung«, berichtet der Realschuldirektor a.D., »war ausschließlich ein Kinderfest, so wollte es mit aller Konsequenz der Familienbrauch. Die Kinder durften den Eltern nichts bescheren, auch Vater und Mutter schenkten einander nichts. Jedes Kind erhielt eine kleine Stolle, welche die Mutter vor aller Augen gebacken hatte, eine Tafel braunen und eine Tafel weißen Pfefferkuchen, Äpfel und Nüsse, deren Zahl von Jahr zu Jahr wuchs, bis das Schock voll war, eine kleine bunte Wachsstockpyramide, ein Pferdchen oder ein Hündchen oder einige Soldaten aus einer Spielzeugschachtel, nie aber eine ganze Schachtel, dazu einige Bilderbogen mit Infanterie oder Kavallerie oder auch mit Tieren, Blumen, Häusern und dergleichen. Die Kleinen bekamen Bogen mit bunten Bildern, die Größeren unkolorierte und dazu einen Malkasten zum Ausmalen der Bilder. Die Mutter fügte nützliche Kleidungsstücke, besonders Strümpfe und Handschuhe hinzu, und dem Schwesterchen fehlte natürlich die Puppe nicht. Das war aber auch alles. Ein dürftiges Einerlei, nicht wahr? Und doch reichte es hin, die Erwartung und die Freude mit jedem Jahr zu steigern …« Dennoch war es durchaus aber auch üblich, daß Kinder Geschenke machten, wie aus der bereits zitierten Kinderbuchgeschichte »Weihnachtsunterhaltung« von 1847 hervorgeht, in der es heißt: »Liebhold hatte es sich nicht nehmen lassen, sämmtlichen Kindern einen mächtigen Tannenbaum aufzuputzen. Viele, viele Lichter brannten an ihm, und jedes Kind fand außer Aepfeln und Nüssen, Rosinen und Mandeln, noch etwas Besonderes für sich, in mächtige Tüten eingehüllt. Aber auch die Kinder hatten ihre Gaben gebracht, meistentheils von ihnen selbst angefertigte, – Zeichnungen, kleine Pappkästchen, Uhrgehäuse, Vorhemdchen, Handmüffchen (für Franz und Hänschen) und dergleichen, und Alles dies hatte die Mutter mit Julien im Nebenzimmer auf einem großen Tisch bunt durcheinander, aber doch zierlich und geschmackvoll geordnet und die Namen der Empfänger aus Zukker daneben gelegt… Nun aber kam es den ganzen Abend zu keinem vernünftigen Gedanken mehr. Die Kinder hatten zu viel zu thun, um sich mit dem neuen Besitzthum vertraut zu machen. Triumphirend zeigten sie einander jeden neuen Reiz, den sie an irgend einer Gabe entdekkt hatten. Hirsche und Schweine aus Pfefferkuchen wurden geschlachtet,

Nüsse geknakkt und Bonbons enthülset, und die Aeltern ließen ihnen den Willen. Hatten sie es einst doch nicht besser gemacht.«

Auch für die Kinder Theodor Storms gehörten die geistigen und die leiblichen Genüsse des Christabends harmonisch zusammen. Zuvor aber mußte überhaupt erst einmal die erlösende Aufforderung zum Eintritt in das strahlende Weihnachtszimmer abgewartet werden. »Endlich ertönt der Klang der silbernen Glocke. Wir stürzen die Treppe herunter, die Flügeltüren fliegen auf, wir treten ein, jung und alt. Ein starker Duft von Tannen, brennenden Lichtern und braunen Weihnachtskuchen schlägt uns entgegen – und da steht er, der brennende Baum, im vollen Lichterglanz ... Nun führt Vater jedes seiner Kinder zu ihren Gaben, uns kleine zuerst. Puppen – wohin wir sehen, kleine und große – und Bücher, die durften niemals auf unserm Weihnachtstisch fehlen. Wir haben uns müde gespielt – wir nehmen unsere Weihnachtsbücher und setzen uns im trauten Schein des Lichterbaumes und lesen. Gar verführerisch ist es, heimlich ein Stückchen Zuckerwerk abzuzupfen und es ebenso heimlich zu verzehren. Vater tritt leise zu uns unter den Tannenbaum, streicht uns sanft mit seiner schönen, schlanken Hand übers Haar und fragt: ›Hab' ich's getroffen?‹«

Bogumil Goltz, ein heute kaum noch gekannter Schriftsteller idealistischer Observanz, hat der Nachwelt mit seinem »Buch der Kindheit« (1847) eines der schönsten und eigenwilligsten Erinnerungsbücher hinterlassen. Natürlich findet das Weihnachtsfest in seinem Werk den ihm zukommenden Ehrenplatz, und wiederum bleibt festzustellen, daß auch der aus begütertem Elternhaus stammende Goltz von bescheidenen Gaben spricht, die, fast möchte man meinen, in kausalem Zusammenhang zu stehen scheinen mit höchster Kinderglückseligkeit. Dabei ist der Stil von Bogumil Goltz gekennzeichnet durch eine leidenschaftlich-emphatische, altertümliche Poesie. »Wir bekamen in unserer Kindheit«, so liest sich das, »nach dazumaligem richtigem Brauch, eine ziemlich spärliche Weihnachtsbescheerung. Ein illuminirter, grüner Baum mit vergoldeten Aepfeln und Nüssen, ein Paar Pfefferkuchen mit wenigen Stückchen Marzipan, Rosinen und Mandeln nicht zu vergessen, und diese Herrlichkeit auf einem von der höheren Töpferkunst erschrecklich schön glassirten Teller ausgeflien (ausgelegt); desgleichen ein gleißend carmoisinroth oder grasgrün lakirtes Steckenpferd oder ein Dutzend bleierner Soldaten (flache

Zinnsoldaten), eine Pfennigtrompete – das war die ganze Rarität. Wer einen Tuschkasten, eine Trommel, wohl gar einen Noahkasten mit Thieren von der überschwenglichen Großmuth des heiligen Christus erwischte, der bekam auch dafür keine anderen Spielsachen, wiewohl der Tannenbaum mit den brennenden Lichtern, mit dem funkelnden Knistergold und kostbar schimmernden Gold- und Silberschaum Keinem fehlen durfte, der einmal des Glückes werth erachtet war, an dem heiligen Weihnachtsabende alle sieben Himmel der Natur und Kunstwunder, der Mährchenhelden gleich zu durchkosten. – Was die seligen Wanderer in dieser Feenwelt und an diesem nur einmal im Jahr erscheinenden Tage handgreiflich im Besitz hatten und de facto mit sich fortnehmen durften, betrug zu Gelde berechnet viel weniger als das Handgeld, das ein erwachsener und modern gebildeter Mensch alle Tage im Jahr dem sogenannten Vergnügen hingeben muß, um sich zuletzt doch überall gelangweilt zu sehen; aber wir Kinder wußten im eigentlichsten Sinn des Worts kaum wohin mit unsern sieben Sachen. Es waren eitel Schätze, so gar überschwenglich ging uns das Christwunder in die Seele!« Den immergrünen Tannenbaum aber erhebt Goltz an anderer Stelle zum Symbol des wahren, höheren Lebens schlechthin, denn »wehe dem Menschen, der keinen Tannenbaum konservirt (im Gedächtnis bewahrt), vielleicht nicht mal einen Weihnachtsbaum in der Kinderzeit gehabt hat! Solche Bäume sind die echten Stammbäume der Poesie und ihrer Wonnen, die bis in den Himmel hinauf gipfeln, und wer sie nicht aufzeigen kann in seinem Lebensgarten und zeitlichen Paradies, den hat die Poesie und die Freude nimmer geadelt, dem grünet und blühet nimmer der Lebensbaum ...«

Wenn sich bei den Kindern mit dem Eintritt in die Weihnachtsstube gemeinhin die Spannung löst, um einer stürmischen Inbesitznahme der Geschenke und intensiven Beschäftigung mit ihnen Platz zu machen, so verhielt es sich anders bei der Schriftstellerin Isolde Kurz, die schon als Kind die abgeklärte Weisheit besessen zu haben scheint, daß mit Erfüllung der Wünsche der Höhepunkt erreicht und zugleich überschritten ist. Dennoch erinnert auch sie sich dankbar der »unermeßlichen Kinderseligkeit ... solcher Fest- und Wonnetage« wie der Kindergeburtstage in ihrer Familie, denn diese »konnte das spätere Leben aus all seinem Reichtum nicht mehr hervorbringen«. Der Schritt vom Geburtstag zum Weihnachtsfest ist bei Isolde Kurz leicht getan, denn sie konnte von sich be-

Nach der Bescherung ergreifen die Kinder Besitz von ihren schönen Spielsachen, indem sie sogleich mit ihnen spielen. Die fünf Kinder aus der Erzählung »Die Kinderstube« von Thekla von Gumpert (1810–1897) sind wohlversehen mit Spielzeug aller Art. Zu besichtigen sind eine große Puppe mit Biedermeierschute, eine Puppenwiege, Puppengeschirr, ein Harlekin und ein Posthorn, Säbel, Helm, Räderschaf sowie ein Baukasten und ein beladener Frachtwagen. – Holzschnitt aus »Herzblättchens Zeitvertreib. Erster Jahrgang, Glogau (1856)«.

haupten: »Der feierlichste (Geburtstag) war der meinige, der Thomastag; da er in die Weihnachtswoche fiel, wurde an diesem Abend der Baum angezündet und die Bescherung gehalten.« An den Festvorbereitungen jedoch bekundete die 1853 geborene junge Romanautorin in spe lebhafte Freude und Anteilnahme. »Schon viele Tage vorher«, so heißt es in ihrem Buch »Aus meinem Jugendland«, »hantierte unsere Josephine mit köstlichen süßen Teigen und stach mit den hochehrwürdigen alten Modeln, die ich immer mit unseren altgermanischen Göttern in Zusammenhang bringen mußte – vielleicht hatte unser Vater (der Schriftsteller Hermann Kurz) einmal die Bemerkung gemacht, daß die ›Springerlein‹ (Backmodel) Wodans Roß bedeuten –, das herrlichste Backwerk aus. Es wurde in überschwenglichen Mengen hergestellt und mit den Freundeshäusern korbweise als Geschenk getauscht. Mama saß mit befreundeten Damen und ›dockelte‹ heimlich, d.h. sie nähte aus bunten Seidenlappen die schönsten Puppenkleider. Immer hing da und dort ein goldner Faden, der diese feenhafte Tätigkeit verriet... Wenn dann nach einer herzklopfenden Erwartung endlich die Tür des Weihnachtszimmers aufging und der Duft und Glanz des mit goldenen Nüssen behangenen Baums uns entgegenströmte, dann war mit dem ersten seligen Aufatmen auch der Höhepunkt des Glückes überschritten. So herrlich Puppenstube, Küche, Kaufladen mit ihrem Inhalt waren, der Gedanke, daß auch dieser Abend unaufhaltsam zu Ende gehen mußte wie jeder andere, machte den Besitz im voraus zunichte. Das Schönste an dem Feste war jedesmal der letzte Augenblick der Erwartung ...«

Doch auch Isolde Kurz wird ganz gewiß mit ihren Puppen und ihrer Puppenküche gespielt haben, ebenso wie alle anderen Kinder mit ihren neuen Spielsachen. Zudem hatten sie ja Weihnachtsferien, die dazu angetan waren, die Festtage langsam ausklingen zu lassen und die Kerzen am Weihnachtsbaum noch oftmals anzuzünden. Das »Plündern« der Süßigkeiten erledigte sich dann bei einer dermaßen künstlich verlängerten Inanspruchnahme des Baumes ...

Lassen wir die vielfältigen Weihnachtsfreuden vergangener Zeiten noch einmal vorüberziehen in einem sentimental-gemütlichen Biedermeiergedicht von Friedrich Wilhelm August Schmidt von Werneuchen, das vom Ruprecht und von einstmals beliebten Spielsachen erzählt, und das bei aller Anspruchslosigkeit doch einen Umstand widerzuspiegeln vermag: den volkstümlichen Charakter des altüberlieferten Weihnachtsfestes, das wir als das schönste und stimmungsvollste des ganzen Jahres feiern.

Der Heilige Abend vor Weihnachten

Das Schneedach fegt des Sturmes Saus,
Die Ofenflammen zittern.
Die Kinder bleiben gern zu Haus
Und denken nicht an schlittern.
Denn sieh! der Abend graut,
Und Ruprecht kommt und baut
Für jedes bald ein Tischchen auf
Und legt gar schöne Sachen drauf.

Im Nebenzimmer kramt er schon
Den Quersack aus und tuschelt.
Und horch! wie sacht er jetzt davon
Entlang die Wände ruschelt!
Nun hebt aller Jubel an,
Die Tür wird aufgetan.
Sieh da die Tischchen, weißgedeckt,
Voll Kerzen, grün und rot gefleckt.

Hinein stürmt Bub und Mägdlein flugs,
Zu sehn, was ihm beschieden.
Vor allem prangt von grünem Bux
Ein Wäldchen Pyramiden
Mit goldnen Nüssen dran.
Hier nickt ein Sägemann,
Dort grünt ein Busch mit Lämmern drin,
Bewacht von Hund und Schäferin.

Nußknacker stehn mit dickem Kopf
Bei Jud und Schornsteinfeger.
Hier hängt ein Schrank mit Kell und Topf,
Dort hetzt den Hirsch der Jäger.
Hier ruft ein Kuckuck, horch!
Und dort spaziert ein Storch.
Mit Äpfeln prangt der Tannenbaum
Und blinkt von Gold- und Silberschaum.

Zu Pferde paradiert in Blei
Ein Regiment Soldaten,
Ein Sansfasson sitzt frank und frei
Gekrümmt und münzt Dukaten!
Und alles schmaust und knarrt,
Trompet und Fiedel schnarrt.
Fern stehn die Alten, still erfreut,
Und denken an vergangne Zeit ...

Eine Steigerung des Festes war es ganz gewiß, wenn die Eltern Anteilnahme an der freudigen Begeisterung der Kinder bezeigten, wenn sich die ganze Familie um den großen Tisch versammelte, der nunmehr nur einem Zweck zu dienen hatte: dem weihnachtlichen Spiel mit den neuen Geschenken, den Zinnfiguren, Häusern, Tieren und dem Baukasten. Die Darstellung ungetrübter Familienharmonie hat der in Nürnberg lebende Peter Carl Geißler (1801–1853) geschaffen als Frontispiz zu der »Liederfibel. Das ganze Kinder- und Familienleben nach seinen verschiedenen Stufen. Eßlingen (1841)«.

Die in diesem Buch wiedergegebenen Kinderbücher, Spielzeuge
und Objekte entstammen der Sammlung Heiner Vogel
im Stadtgeschichtlichen Museum Leipzig

Die Deutsche Bibliothek – CIP Einheitsaufnahme
Kinderweihnacht in alter Zeit / Heiner Vogel.
Die Aufnahmen schuf Sigrid Schmidt.
– 1. Aufl. – Leipzig: Seemann, 1992
ISBN 3-363-00565-2
NE: Vogel, Heiner; Schmidt, Sigrid

ISBN 3-363-00565-2

1. Auflage
Printed in Germany
Gestaltung: Petra Lurette Oberberg, Leipzig
Die Aufnahme für S. 71 fertigte Christoph Sandig, Leipzig
Satz und Reproduktion: Förster & Borries Satz-Repro-GmbH, Zwickau
Druck: Interdruck Leipzig GmbH
Buchbinderische Verarbeitung:
Kunst- und Verlagsbuchbinderei GmbH, Leipzig